Vorwort

Das kompakte Nachschlagewerk im praktischen Pocketformat bietet einen schnellen Zugriff auf die spanische Grammatik.

Die Themen werden übersichtlich und leicht verständlich dargestellt. Zahlreiche Beispiele veranschaulichen die Regeln.

Doppelseiten mit abwechslungsreichen Übungen trainieren die jeweils vorangegangenen Themengebiete.
Die richtigen Antworten können im Lösungsteil am Ende des Buches nachgeschlagen werden.

Mit hilfreichen Infokästen:

i Dieses Symbol kennzeichnet interessante Zusatzinformationen.

⚠ Dieses Symbol weist auf Sprachfallen und Ausnahmen hin und hilft so, häufig gemachte Fehler zu vermeiden.

Die Beispiele sind orange eingerahmt.

INHALT

1. Der Artikel

Es gibt im Spanischen wie im Deutschen einen bestimmten und einen unbestimmten Artikel. Der Artikel stimmt in Geschlecht und Zahl mit dem zugehörigen Substantiv überein.

1.1 Formen des bestimmten und des unbestimmten Artikels

1.1.1 Der bestimmte Artikel

	maskulin	**feminin**
Singular	*el amigo* der Freund	*la amiga* die Freundin
Plural	*los amigos* die Freunde	*las amigas* die Freundinnen

⚠ Ausnahme: Feminine Substantive, die mit **betontem a-** oder **ha-** anfangen, haben im Singular den maskulinen bestimmten Artikel *el*. Im Plural bleibt der feminine Artikel *las* erhalten.

el <u>á</u>guila	der Adler	*las <u>á</u>guilas*	die Adler
el <u>a</u>lma	die Seele	*las almas*	die Seelen
el <u>h</u>acha	die Axt	*las hachas*	die Äxte
el <u>a</u>ma de casa	die Hausfrau	*las amas de casa*	die Haus-frauen

Aber: *la autopista* die Autobahn (Die Betonung liegt auf der vorletzten Silbe.)

Die zugehörigen Adjektive behalten regelgemäß die weibliche Form:

el <u>a</u>gua limpia	das saubere Wasser
el <u>á</u>guila rapida	der schnelle Adler

1.1.2 Der unbestimmte Artikel

	maskulin	feminin
Singular	*<u>un</u> amigo* ein Freund	*<u>una</u> amiga* eine Freundin
Plural	*<u>unos</u> amigos* (einige) Freunde	*<u>unas</u> amigas* (einige) Freundin-nen

i Der Plural des unbestimmten Artikels *unos, unas* bedeutet »einige, ein paar«, vor Zahlen hat er die Bedeutung »ungefähr, etwa«.

unos años	ein paar Jahre
unos cuarenta metros	etwa vierzig Meter

⚠ Ausnahme: Feminine Substantive, die mit **betontem a-** oder **ha-** anfangen, haben im Singular den maskulinen unbestimmten Artikel *un*. Im Plural bleibt der feminine Artikel *unas* erhalten (→ 1.1.1).

un águila ein Adler	*unas águilas* einige Adler
Aber: *una autopista*	eine Autobahn
un agua limpia	sauberes Wasser
un hacha afilada	eine scharfe Axt

1.2 Kontraktionsformen des Artikels

Der bestimmte Artikel Maskulinum im Singular *el* wird mit den vorausgehenden Präpositionen *a* und *de* folgendermaßen verbunden:

a + el = al:	
Voy al supermercado.	Ich gehe zum Supermarkt.
de + el = del:	
las llaves del coche	die Autoschlüssel

1.3 Der neutrale Artikel »lo«

Es gibt im Spanischen den neutralen Artikel *lo*. Er hat keine Pluralform. *Lo* wird zur Substantivierung von Adjektiven, Partizipien, Ordnungszahlen und betonten Possessivpronomen verwendet.

– *lo* + Adjektiv: *lo bello*	das Schöne
– *lo* + Partizip: *lo permitido*	das Erlaubte
– *lo* + Ordnungszahl: *lo segundo*	das Zweite
– *lo* + betontes Possessivpronomen: *lo suyo*	das Seine

1.4 Gebrauch des Artikels

1.4.1 Gebrauch des bestimmten Artikels

Im Spanischen wird der bestimmte Artikel im Unterschied zum Deutschen folgendermaßen verwendet:

– vor Titeln.

El doctor López trabaja aquí.	Doktor López arbeitet hier.

⚠ Ausnahme: Der Artikel wird nicht in der direkten Anrede benutzt:
Buenos días, señora García. Guten Tag, Frau García.

– bei Angaben der Uhrzeit, der Tageszeit und der Wochentage.

Son las nueve de la mañana.	Es ist neun Uhr morgens.
Los domingos voy a nadar.	Sonntags gehe ich schwimmen.

– bei den Verben »tocar« (+ Instrument) und »jugar a«.

tocar la guitarra	Gitarre spielen
jugar a las cartas	Karten spielen

– bei Namen von Körperteilen nach dem Verb »tener«.

Rosa tiene el pelo oscuro.	Rosa hat dunkle Haare.

– bei Bruchzahlen und Prozentangaben.

las dos terceras partes de los españoles	zwei Drittel der Spanier
el cinco por ciento	fünf Prozent

i Hier kann auch der unbestimmte Artikel verwendet werden: *un tres por ciento* etwa drei Prozent

– bei Himmelsrichtungen.

en el sur de Italia	im Süden Italiens

Kein bestimmter Artikel steht in folgenden Fällen:

– bei Monatsnamen.

Febrero es un mes corto.	Der Februar ist ein kurzer Monat.

– bei der Angabe von Jahreszeiten mit vorangestellter Präposition »en«.

En verano voy a Italia.	Im Sommer fahre ich nach Italien.

– bei Transportmitteln mit vorangestellter Präposition »en«.

ir en bicicleta	mit dem Fahrrad fahren

1.4.2 Gebrauch des unbestimmten Artikels

Der unbestimmte Artikel wird meist wie im Deutschen benutzt. Ein Unterschied besteht bei folgenden Fällen:

– vor »otro/otra«.

otra posibilidad	eine andere Möglichkeit

– vor »medio/media«.

medio kilo de tomates	ein halbes Kilo Tomaten

– nach dem Verb »tener« (bei Dingen, die man normalerweise nicht mehrfach besitzt).

Pablo tiene novia.	Pablo hat eine Freundin.
Tengo coche.	Ich habe ein Auto.

⚠ Aber: Wenn das Substantiv näher bestimmt wird, steht der Artikel: *Tengo un coche gris.* Ich habe ein graues Auto.

2. Das Substantiv

2.1 Das Genus der Substantive

Im Spanischen sind die Substantive entweder maskulin oder feminin. Im Unterschied zum Deutschen gibt es kein Neutrum. Aber: Das spanische Genus stimmt nicht immer mit dem deutschen überein.

Substantive, die auf **-o** enden, sind in der Regel maskulin.

Substantive, die auf **-a** enden, sind in der Regel feminin.

maskulin	**feminin**
el vino der Wein	*la cerveza* das Bier

Substantive, die auf **-e** oder auf **Konsonant** enden, können entweder maskulin oder feminin sein.

maskulin	**feminin**
el coche das Auto	*la leche* die Milch

el árbol der Baum	*la amistad* die Freundschaft

2.1.1 Das maskuline Genus

Meistens maskulin sind:

– Substantive auf **-o**

el tiempo	die Zeit, das Wetter
el museo	das Museum
el diario	die Zeitung
el comercio	das Geschäft

⚠ Ausnahmen:
z. B. *la radio* (das Radio), *la foto* (das Foto), *la mano* (die Hand), *la moto* (das Motorrad)

– Substantive auf **-or**

el calor	die Hitze, die Wärme
el color	die Farbe
el comedor	das Esszimmer
el dolor	der Schmerz

⚠ Ausnahme: *la flor* die Blume

– Substantive auf **-e**

el diente	der Zahn
el aceite	das Öl
el café	der Kaffee

– Substantive auf **-a** und **-á,** die eine männliche Person bezeichnen

el poeta	der Dichter
el artista	der Künstler
el dentista	der Zahnarzt

– Substantive auf **-aje**

el viaje	die Reise
el equipaje	das Gepäck

– Substantive auf **-l**

el canal	der Kanal
el fanal	das Leuchtfeuer

– Substantive auf **-ón**

el cartón	die Pappe
el algodón	die Baumwolle

⚠ Ausnahmen: Substantive auf *-ión* (→2.1.2)

– Substantive auf **-n**

el pan	das Brot
el huracán	der Orkan

– die Zahlen

el ocho	die Acht
el dos	die Zwei

– die Tage

el lunes	der Montag
el domingo	der Sonntag

– die Monate

el (mes de) enero	Januar

– die meisten Flüsse, Meere, Ozeane, Seen

el Rin	der Rhein
el Danubio	die Donau
el Mediterráneo	das Mittelmeer
el Pacífico	der pazifische Ozean
el Atlántico	der Atlantik
el Titicaca	der Titicacasee

– die meisten Berge

los Andes	die Anden
los Alpes	die Alpen

2.1.2 Das feminine Genus

Meistens feminin sind:

– Substantive auf **-a**

la casa	das Haus, die Wohnung
la mesa	der Tisch
la comida	das Essen
la manera	die Art und Weise
la primavera	der Frühling
la receta	das Rezept

⚠ Ausnahmen:
- *el día* (der Tag), *el mapa* (die Landkarte), *el sofá* (das Sofa), *el planeta* (der Planet)
- Substantive griechischer Herkunft auf **-ma:** *el tema* (das Thema), *el idioma* (die Sprache), *el problema* (das Problem)

– Substantive auf **-ión**

la habitación	das Zimmer
la canción	das Lied

⚠ Ausnahmen: *el avión* (das Flugzeug), *el camión* (der Lastwagen)

– Substantive auf **-dad** und **-tad**

la ciudad	die Stadt
la libertad	die Freiheit

– Substantive auf **-z**

la paz	der Frieden

– Substantive auf **-tud**

la juventud	die Jugend
la solicitud	die Fürsorge
la actitud	die Einstellung

– Substantive auf **-umbre**

la costumbre	die Gewohnheit, die Sitte
la muchedumbre	die Menschenmenge

– die Buchstaben

la o	das O
la b	das B

2.1.3 Die Bezeichnung von männlichen und weiblichen Lebewesen

Personen

– Maskulinum auf **-o**, Femininum auf **-a**

el hermano	der Bruder
la hermana	die Schwester

el abogado	der Rechtsanwalt
la abogada	die Rechtsanwältin

Bei maskulinen Substantiven, die auf einen **Konsonant** enden, fügt man der femininen Form ein **-a** hinzu.

el pintor	der Maler
la pintora	die Malerin
el conductor	der Fahrer
la conductora	die Fahrerin

Substantive, die auf **-ista** und **-ante** enden, haben die gleiche Form für Femininum und Maskulinum.

el/la taxista	der Taxifahrer/die Taxifahrerin
el/la turista	der Tourist/die Touristin

Einige Substantive bilden das Femininum mit dem Anhängen einer Endung (**-triz**, **-ina**, **-esa**, **-isa**) an die maskuline Form.

el actor	der Schauspieler
la actriz	die Schauspielerin
el rey	der König
la reina	die Königin
el poeta	der Dichter
la poetisa	die Dichterin

In einigen Fällen haben Maskulinum und Femininum unterschiedliche Wortstämme.

el hombre	der Mann	*la mujer*	die Frau
el padre	der Vater	*la madre*	die Mutter

Tiere

Maskulinum auf **-o**, Femininum auf **-a**

el perro	der Hund	*la perra*	die Hündin

Für einige Tiere gibt es nur eine maskuline oder feminine Bezeichnung, die beide Geschlechter einschließt.

la mariposa	der Schmetterling
el ratón	die Maus, der Mäuserich

Bei einigen Tierarten werden männliches und weibliches Tier völlig unterschiedlich bezeichnet.

el caballo	der Hengst	*la yegua*	die Stute
el toro	der Stier	*la vaca*	die Kuh

2.1.4 Gleich lautende Substantive mit Bedeutungsveränderung im femininen und im maskulinen Genus

i Einige Substantive, die für das Maskulinum und das Femininum eine gleiche Form haben, haben je nach Genus eine unterschiedliche Bedeutung.

el capital	das Kapital	*la capital*	die Hauptstadt
el cólera	die Cholera	*la cólera*	die Wut
el corte	der Schnitt	*la corte*	der Hof
el cura	der Pfarrer	*la cura*	die Kur
el orden	die Ordnung	*la orden*	der Orden, der Befehl

2.2 Der Plural

2.2.1 Pluralbildung auf -s

Substantiven, die auf Vokal enden, fügt man im Plural ein **-s** hinzu.

el libro	das Buch	*los libros*	die Bücher
la calle	die Straße	*las calles*	die Straßen
la amiga	die Freundin	*las amigas*	die Freundinnen

⚠ Ausnahme: Substantive auf **-í, -ú** (→2.2.2).

2.2.2 Pluralbildung auf -es

Substantiven, die auf **Konsonant** oder auf **-y** enden, fügt man im Plural ein **-es** hinzu.

la ciudad	die Stadt	*las ciudades*	die Städte
el rey	der König	*los reyes*	die Könige
el árbol	der Baum	*los árboles*	die Bäume

Bei Substantiven, die auf **-z** enden, wird das **-z** zum **-c-**.

el lápiz	der Bleistift	*los lápices*	die Bleistifte
la voz	die Stimme	*las voces*	die Stimmen
la nuez	die Nuss	*las nueces*	die Nüsse

Substantiven, die auf betontem **-í** oder **-ú** enden, fügt man im Plural ein **-es** hinzu.

el jabalí	das Wildschwein
los jabalíes	die Wildschweine
el bambú	das Bambusrohr
los bambúes	die Bambusrohre

2.2.3 Unveränderliche Substantive

Mehrsilbige Substantive, die auf unbetontes **-s** oder **-x** enden, werden im Plural nicht verändert.

el jueves	der Donnerstag	*los jueves*	die Donnerstage
la crisis	die Krise	*las crisis*	die Krisen
el torax	der Brustkorb	*los torax*	die Brustkörbe

2.2.4 Substantive, die nur im Plural verwendet werden

i Einige Substantive werden nur im Plural verwendet.

las vacaciones	der Urlaub, die Ferien
las gafas	die Brille
las afueras	die Umgebung

Übung 1: Tragen Sie die Begriffe in die richtige Spalte ein! Beachten Sie: Einige Wörter müssen zweimal eingetragen werden.

amigos hacha amas de casa novios novia tiempo
amistad dolores luna aceite viaje Rin mapa
cuidades pintores taxista actriz hermanas cura
árbol crisis

el	la	los	las

Übung 2: Wie lautet die Pluralform?

1. el árbol
2. el jueves
3. el jabalí
4. el lápiz

Übung 3: Ergänzen Sie die Adjektivendung!

1. el agua *limpi*
2. el ama de casa *modern*
3. las amas de casa *modern*
4. el alma *dolorid*
5. las almas *dolorid*
6. el hacha *afilad*

Übung 4: Ergänzen Sie den unbestimmten Artikel, wenn notwendig!

1. No veo ______ otra posibilidad.
2. Tengo ______ vestido rojo, me lo compré ayer.
3. ¿Vas en autobús? – No, tengo ______ coche.
4. Póngame ______ medio kilo de patatas, por favor.
5. He comprado ______ kilo de manzanas.

3. Das Adjektiv

3.1 Endungen des Adjektivs

Das Adjektiv stimmt in Geschlecht und Zahl immer mit dem Substantiv überein, auf das es sich bezieht.

3.1.1 Singular

Adjektive, die im Maskulinum auf **-o** enden, bilden das Femininum auf **-a**.

maskulin	**feminin**
el coche nuevo das neue Auto	*la bicicleta nueva* das neue Fahrrad

i Adjektive, die auf **-e**, **-í** oder **-ú** enden, haben für das Femininum und das Maskulinum nur eine Form.

maskulin	**feminin**
el libro interesante das interessante Buch	*la película interesante* der interessante Film

i Adjektive, die auf einen **Konsonant** enden, haben für das Femininum und das Maskulinum die gleiche Form.

maskulin	**feminin**
el invento genial die geniale Erfindung	*la idea genial* die geniale Idee

⚠ Ausnahme: Adjektive, die auf **-or**, **-ón**, **-án** enden, bilden in der Regel das Femininum durch Anhängen von **-a**.

maskulin	**feminin**
el hombre trabajador der fleißige Mann *el hombre comilón* der gefräßige Mann *el hombre haragán* der faule Mann	*la mujer trabajadora* die fleißige Frau *la mujer comilona* die gefräßige Frau *la mujer haragana* die faule Frau

⚠ Ausnahme: Adjektive, die aus Länder- oder Städtenamen abgeleitet sind und auf **Konsonant** enden, bilden die Femininform mit **-a**.

maskulin	**feminin**
el vino alemán der deutsche Wein *el vino español* der spanische Wein	*la comida alemana* das deutsche Essen *la comida española* das spanische Essen

3.1.2 Plural

Die Pluralbildung des Adjektivs erfolgt wie beim Substantiv durch Anhängen von **-s** nach **Vokal** bzw. **-es** nach **Konsonant** (→2.2).

el coche nuevo	das neue Auto
los coches nuevos	die neuen Autos
el poeta genial	der geniale Dichter
los poetas geniales	die genialen Dichter

⚠ Ausnahme: Bei Adjektiven, die auf betontem **-í** oder **-ú** enden, fügt man im Plural ein **-es** hinzu.

la ciudad iraní	die iranische Stadt
las ciudades iraníes	die iranischen Städte

3.1.3 Sonderformen von »bueno«, »malo«, »grande« und »santo«

i *Bueno* und *malo* werden im Singular vor maskulinen Substantiven zu *buen* bzw. *mal* verkürzt.

un buen padre	ein guter Vater
un mal ejemplo	ein schlechtes Beispiel
un buen (mal) certificado	das gute (schlechte) Zeugnis

i *Grande* wird im Singular vor femininen und maskulinen Substantiven zu *gran* verkürzt.

un gran momento	ein großer Moment
una gran ayuda	eine große Hilfe

i *Santo* wird im Singular vor maskulinen Substantiven zu *San* verkürzt.

San Pablo	der heilige Paulus

3.2 Übereinstimmung des Adjektivs mit dem Substantiv

Das Adjektiv stimmt sowohl im attributiven als auch im prädikativen Gebrauch in Geschlecht und Zahl mit dem Substantiv überein, auf das es sich bezieht.

- Attributiver Gebrauch
  (Adjektiv steht direkt beim Substantiv):

los pueblos pequeños	die kleinen Dörfer

- Prädikativer Gebrauch
  (Adjektiv ist vom Substantiv durch das Verb getrennt):

Los pueblos son pequeños.	Die Dörfer sind klein.

⚠ Wenn ein Adjektiv sich auf zwei oder mehrere Substantive bezieht, wird die Pluralform verwendet:
la mesa y la silla oscuras

⚠ Bezieht sich ein Adjektiv auf zwei oder mehrere Substantive verschiedenen Geschlechts, wird die männliche Pluralform verwendet:
la botella y el vaso vacíos

3.3 Die Stellung des attributiven Adjektivs

Im Spanischen steht das Adjektiv im Gegensatz zum Deutschen in der Regel nach dem Substantiv.

Tengo un reloj antiguo.	Ich habe eine antike Uhr.

Das Adjektiv wird vorangestellt, wenn es besonders betont werden soll:

Es un verdadero problema.	Es ist ein wirkliches Problem.

i *Mucho, poco* und *otro* stehen immer vor dem Substantiv.

Hace mucho frío.	Es ist sehr kalt.
Tengo poco tiempo.	Ich habe wenig Zeit.
Están en otro lugar.	Sie sind an einem anderen Ort.

⚠ Vor *otro* steht kein unbestimmter Artikel (→1.4.2).

i Bei einigen Adjektiven ändert sich die Bedeutung je nachdem, ob sie vor- oder nachgestellt sind.

una sola mujer	eine einzige Frau
una mujer sola	eine alleinstehende Frau
un curioso hombre	ein seltsamer Mann
un hombre curioso	ein neugieriger Mann
una vieja amiga	eine Freundin, die man schon lange kennt
una amiga vieja	eine alte/betagte Freundin

3.4 Substantivierung des Adjektivs

Wie im Deutschen können im Spanischen fast alle Adjektive durch den Artikel substantiviert werden.

el malo	der Böse	*lo bueno*	das Gute (→1.3)
una rubia	eine Blonde	*lo poco*	das Wenige (→1.3)

3.5 Die Steigerung der Adjektive: Komparativ und Superlativ

3.5.1 Regelmäßige Steigerungsformen

	Komparativ	**Superlativ**
rápido	*más rápido (que)*	*el más rápido*
schnell	schneller (als)	der schnellste

Der Komparativ

Gleichheit wird wie folgt ausgedrückt:

tan + Adjektiv + **como**

so, ebenso ... wie

Pablo es tan simpático como Juan.	Pablo ist so sympathisch wie Juan.

Ungleichheit wird wie folgt ausgedrückt:

– **más** + Adjektiv + **que**

mehr ... als

Pablo es más simpático que Juan.	Pablo ist sympathischer als Juan.

– **menos** + Adjektiv + **que**

weniger ... als

Pablo es menos simpático que Juan.	Pablo ist weniger sympathisch als Juan.

Der Superlativ

Der relative Superlativ wird wie folgt ausgedrückt:
el/la/los/las + (Substantiv) + **más** + Adjektiv + **de**
el/la/los/las + (Substantiv) + **menos** + Adjektiv + **de**.

Gabriela es la persona más rápida del grupo.	Gabriela ist die schnellste Person aus der Gruppe.

Der absolute Superlativ wird wie folgt ausgedrückt:
Adjektiv + **-ísimo/-ísima/-ísimos/-ísimas.**

Es rapidísima.	Sie ist äußerst schnell.

i Merke: Bei Adjektiven, die auf Vokal enden, wird dieser durch **-ísimo, -ísima, -ísimos, -ísimas** ersetzt:
caro (teuer) — *carísimo* (äußerst teuer)

⚠ Beachte: Zur Erhaltung der Aussprache gibt es bei einigen Adjektiven orthografische Veränderungen (→11.1):

simpático	nett
simpatiquísimo	äußerst nett

largo	lang
larguísimo	äußerst lang

3.5.2 Unregelmäßige Steigerungsformen

	Komparativ	Superlativ
bueno gut	*mejor* besser	*el mejor* der beste
malo schlecht	*peor* schlechter	*el peor* der schlechteste
pequeño klein	*menor* kleiner, jünger *más pequeño* kleiner	*el menor* der kleinste, der jüngste *el más pequeño* der kleinste
grande groß	*mayor* größer, älter *más grande* größer	*el mayor* der größte, der älteste *el más grande* der größte

i *Mejor*, *peor*, *menor* und *mayor* haben für Femininum und Maskulinum nur eine Form.

4. Das Adverb

Adverbien dienen dazu, ein Verb, ein Adjektiv, ein anderes Adverb oder einen ganzen Satz näher zu bestimmen. Sie sind unveränderlich.

4.1 Formen des Adverbs

Es gibt im Spanischen die ursprünglichen Adverbien (z. B. *hoy* heute, *allí* dort) und die von Adjektiven abgeleiteten Adverbien (z. B. *valientemente* mutig, *activamente* aktiv).
Außerdem gibt es adverbiale Ausdrücke, bei denen zwei oder mehrere Wörter als Adverb verwendet werden (*a veces* manchmal, *a tiempo* rechtzeitig, *a gusto* gern, gemütlich).

Die abgeleiteten Adverbien werden durch Anhängen der Endung **-mente** an die feminine Singularform des Adjektivs gebildet.

	Adjektiv	**Adverb**
maskulin	*largo* lang	
feminin	*larga* lang	*largamente* lange

i Bei Adjektiven mit nur einer Singularform für Femininum und Maskulinum wird die Endung **-mente** direkt an diese Form angehängt.

alegre	fröhlich	*alegremente*	fröhlich
difícil	schwer	*difícilmente*	schwer

⚠ Wenn das Adjektiv einen Akzent trägt, bleibt dieser beim Adverb erhalten.

rápido	schnell	*rápidamente*	schnell

i Wenn zwei oder mehr abgeleitete Adverbien aufeinander folgen, hat nur das letzte die Endung **-mente**. Die übrigen Adverbien behalten die feminine Form.

Caminan pausada y cansadamente.	Sie gehen langsam und müde.

4.2 Adverbklassen

Adverbien der Zeit

- *hoy* heute
- *mañana* morgen
- *tarde* spät
- *todavía* noch
- *nunca* nie
- *ayer* gestern
- *temprano* früh
- *entonces* damals, dann
- *pronto* bald
- *ya* schon, sofort

Adverbien des Ortes

- *aquí/acá* hier
- *lejos* weit weg
- *dentro* innen
- *allí/allá* dort
- *detrás* hinten
- *arriba* oben

Adverbien der Art und Weise

- *mal* schlecht
- *así* so
- *bien* gut
- *despacio* langsam

Adverbien der Menge

- *bastante* genug, ziemlich
- *nada* nichts
- *muy* sehr
- *más* mehr
- *poco* wenig
- *mucho* viel, sehr
- *sólo* nur

Adverbien des Zweifels

- *acaso/quizá(s)/tal vez* vielleicht

Adverbien der Bejahung und der Verneinung

- *sí* ja
- *verdaderamente* wahrhaftig
- *ciertamente* sicherlich
- *no* nicht, nein
- *tampoco* auch nicht

4.3 Die Steigerung der Adverbien

4.3.1 Regelmäßige Steigerungsformen

Der Komparativ

Der Komparativ der Adverbien wird wie beim Adjektiv gebildet (→3.5.1).

Ausdruck von Gleichheit:

tan + Adverb + **como** so, ebenso ... wie

tan fácilmente como	so leicht wie

Ausdruck von Ungleichheit:

a) **más** + Adverb + **(que)** mehr ... als

más fácilmente (que)	leichter (als)

b) **menos** + Adverb + **(que)** weniger ... als

menos fácilmente (que)	weniger leicht als

Der Superlativ

Der relative Superlativ wird wie folgt gebildet: bestimmter Artikel + (Substantiv) + **que** + **más/menos** + Adverb + Verb.

Ana es la que más puntualmente llega.
Ana ist diejenige, die am pünktlichsten ankommt.
Ana kommt am pünktlichsten an.

Ana es la que menos puntualmente llega.
Ana ist diejenige, die am wenigsten pünktlich ankommt.
Ana kommt am wenigsten pünktlich an.

Der absolute Superlativ wird wie folgt gebildet:
muy + Adverb

muy claramente	sehr deutlich

Die abgeleiteten Adverbien bilden den absoluten Superlativ wie folgt: Adjektivstamm + **-ísimamente**

comodísimamente	ungeheuer bequem

4.3.2 Unregelmäßige Steigerungsformen

	Komparativ	**Superlativ**
bien gut	*mejor* besser	*mejor* am besten
mal schlecht	*peor* schlechter	*peor* am schlechtesten
mucho viel *muy* sehr	*más* mehr	*más* am meisten
poco wenig	*menos* weniger	*menos* am wenigsten

4.4 Die Stellung der Adverbien

Im Spanischen stehen Adverbien in der Regel nach dem Verb, vor dem Adjektiv und vor dem Adverb.

La farmacia está lejos.	Die Apotheke ist weit weg.
Es una persona muy responsable.	Er/Sie ist eine sehr verantwortungsbewusste Person.
Llegan bastante temprano.	Sie kommen ziemlich früh an.

i Merke: *mucho* (sehr, viel) steht als Adverb nach einem Verb, *muy* (sehr) steht vor Adjektiven oder Adverbien.

Me gusta mucho.	Es gefällt mir sehr.
Es muy importante.	Es ist sehr wichtig.
Vienen muy frecuentemente.	Sie kommen sehr häufig.

Übung 5: Wie lautet die weibliche Form der Adjektive?

1. nuevo
2. interesante
3. genial
4. trabajador
5. alemán
6. español
7. gran
8. joven

Übung 6: Welches Adjektiv gehört zu welchem Begriff?

1. ☐ poetas	a) mal
2. ☐ ejemplo	b) buenas
3. ☐ ideas	c) una
4. ☐ ciudad	d) geniales

Übung 7: Ergänzen Sie: buen(o/a), mal(o/a), gran(de)!

1. El coche es __________. Es un __________ coche.
2. La canción no me gusta, es __________. Tiene un __________ sonido.
3. Admiro a mi hermana. Ella es un __________ ídolo para mí.
4. ¡Qué __________ está el niño! Ha crecido mucho.
5. Tiene muy __________ gusto. Siempre se viste muy elegante.

Übung 8: Finden Sie neun Adverbien im Gitternetz!

T	F	E	T	A	M	P	O	C	O
I	A	G	L	R	D	M	H	Y	A
L	T	P	O	R	L	J	P	V	X
B	O	O	B	I	E	N	Q	R	Z
H	D	T	P	B	S	C	O	S	L
L	A	R	G	A	M	E	N	T	E
Q	V	H	O	D	U	R	A	U	J
U	I	V	I	P	Y	I	D	M	O
T	A	R	D	E	S	D	A	N	S

5. Das Verb

Bei den Verben gibt es drei Konjugationsgruppen:
- 1. Konjugation: Verben auf **-ar** (*habl -ar* sprechen)
- 2. Konjugation: Verben auf **-er** (*tem -er* fürchten)
- 3. Konjugation: Verben auf **-ir** (*abr -ir* öffnen)

5.1 Der Indikativ

5.1.1 Einfache Tempora

5.1.1.1 Indikativ Präsens

Regelmäßige Verben

Diese Verben behalten in allen Formen ohne Veränderungen den Stamm des Infinitivs. Für alle Verben einer Konjugationsgruppe gelten dieselben Endungen.

	-ar ***hablar*** sprechen	**-er** ***temer*** fürchten	**-ir** ***abrir*** öffnen
(yo) *(tú)* *(él, ella, usted)* *(nosotros/-as)*	*hablo* *hablas* *habla* *hablamos*	*temo* *temes* *teme* *tememos*	*abro* *abres* *abre* *abrimos*

(vosotros/-as) *(ellos, ellas,* *ustedes = Vds.)*	*habláis* *hablan*	*teméis* *temen*	*abrís* *abren*

Gruppenverben
Diese Verben verändern ihren Stamm im Präsens nach bestimmten Regeln. Es gibt Gruppen von Verben mit den gleichen Unregelmäßigkeiten.

Bei einigen Verben ändert sich in den stammbetonten Formen (im Singular und in der 3. Person Plural) der Stammvokal. Die Endungen sind regelmäßig.

– Gruppe **e › ie**

	pensar denken	***querer*** mögen, wollen	***mentir*** lügen
(yo) *(tú)* *(él, ella, usted)* *(nosotros/-as)* *(vosotros/-as)* *(ellos, ellas, Vds.)*	*pienso* *piensas* *piensa* *pensamos* *pensáis* *piensan*	*quiero* *quieres* *quiere* *queremos* *queréis* *quieren*	*miento* *mientes* *miente* *mentimos* *mentís* *mienten*

Zu dieser Gruppe gehören:
- *cerrar* schließen
- *comenzar* beginnen
- *despertar(se)* wecken/aufwachen
- *empezar* anfangen
- *negar* verneinen
- *entender* verstehen
- *perder* verlieren
- *divertirse* sich amüsieren
- *preferir* vorziehen
- *sentir* fühlen/bedauern

– Gruppe **o › ue**

	contar (er)zählen	***volver*** zurückkommen	***dormir*** schlafen
(yo)	*cuento*	*vuelvo*	*duermo*
(tú)	*cuentas*	*vuelves*	*duermes*
(él, ella, usted)	*cuenta*	*vuelve*	*duerme*
(nosotros/-as)	*contamos*	*volvemos*	*dormimos*
(vosotros/-as)	*contáis*	*volvéis*	*dormís*
(ellos, ellas, Vds.)	*cuentan*	*vuelven*	*duermen*

Zu dieser Gruppe gehören:
- *acostarse* zu Bett gehen
- *almorzar* zu Mittag essen

- *costar* kosten
- *mostrar* zeigen
- *recordar* (sich) erinnern
- *soñar* träumen
- *doler* schmerzen
- *mover* bewegen
- *encontrar* finden/treffen
- *probar* versuchen/(an)probieren
- *volar* fliegen
- *morder* beißen
- *morir* sterben

⚠ Merke: Bei *jugar* (spielen) wird der Stammvokal **-u-** in den stammbetonten Formen zu **-ue-**:
juego, juegas, juega, jugamos, jugáis, juegan.

- Gruppe **e › i**

pedir bitten	
pido	*pedimos*
pides	*pedís*
pide	*piden*

Zu dieser Gruppe gehören einige Verben auf **-ir**:
- *despedirse* sich verabschieden
- *reírse* lachen
- *repetir* wiederholen
- *seguir* folgen/fortfahren
- *servir* dienen

Bei einigen Verben auf **-iar** und **-uar** erhalten **-i-** bzw. **-u-** in den stammbetonten Formen einen Akzent: **i › í, u › ú.**

-iar ***confiar*** (an)vertrauen		**-uar** ***acentuar*** betonen	
confío	*confiamos*	*acentúo*	*acentuamos*
confías	*confiáis*	*acentúas*	*acentuáis*
confía	*confían*	*acentúa*	*acentúan*

Zu dieser Gruppe gehören:

- *ampliar* erweitern
- *guiar* führen
- *actuar* handeln
- *enviar* schicken
- *vaciar* leeren
- *continuar* fortfahren

Sowie:
- *prohibir* verbieten *(prohíbo, prohíbes ...)*
- *reunir* versammeln *(reúno, reúnes ...)*

Bei Verben auf **-uir** wird in den stammbetonten Formen ein **-y-** vor den Endungen hinzugefügt.

construir bauen	
construyo	*construimos*
construyes	*construís*
construye	*construyen*

Zu dieser Gruppe gehören:

- *contribuir* beitragen
- *destruir* zerstören
- *disminuir* vermindern
- *distribuir* verteilen
- *excluir* ausschließen
- *incluir* einschließen
- *instruir* unterrichten

Bei Verben auf **-acer, -ecer, -ocer, -ucir** wird in der ersten Person Singular **-c-** zu **-zc-**. Die anderen Personen sind regelmäßig.

conocer kennen, kennen lernen	
cono<u>zc</u>o	*conocemos*
conoces	*conocéis*
conoce	*conocen*

Zu dieser Gruppe gehören:

- *nacer* geboren werden
- *crecer* wachsen
- *envejecer* alt werden
- *ofrecer* anbieten
- *permanecer* bleiben
- *reconocer* erkennen/zugeben
- *conducir* führen/fahren
- *agradecer* danken
- *enriquecerse* sich bereichern
- *obedecer* gehorchen
- *parecer* scheinen
- *pertenecer* gehören
- *producir* herstellen
- *traducir* übersetzen

Orthografische Besonderheiten

In der 1. Person Singular einiger Verben gibt es im Indikativ Präsens orthografische Veränderungen zum Erhalt der Aussprache:

Verben auf **-ger, -gir: -g- › -j-** *elegir: elijo*
Verben auf **-guir: -gu- › -g-** *seguir: sigo*
Verben auf **-cer** nach Konsonant: **-c- › -z-** *convencer: convenzo, convences, convence*

Unregelmäßige Verben
Diese Verben haben Veränderungen sowohl im Stamm als auch in der Endung (→12).

5.1.1.2 Indikativ Imperfekt

Regelmäßige Verben

-ar ***hablar*** sprechen	**-er** ***temer*** fürchten	**-ir** ***abrir*** öffnen
hablaba *hablabas* *hablaba*	*temía* *temías* *temía*	*abría* *abrías* *abría*

hablábamos *hablabais* *hablaban*	*temíamos* *temíais* *temían*	*abríamos* *abríais* *abrían*

Unregelmäßige Verben

Alle Verben des Imperfekts sind regelmäßig, Ausnahme: *ser* sein (→5.7.1.1), *ir* gehen, fahren (→12). *ver* sehen (→12)

5.1.1.3 Indefinido

Regelmäßige Verben

-ar ***hablar*** sprechen	**-er** ***temer*** fürchten	**-ir** ***abrir*** öffnen
hablé *hablaste* *habló* *hablamos* *hablasteis* *hablaron*	*temí* *temiste* *temió* *temimos* *temisteis* *temieron*	*abrí* *abriste* *abrió* *abrimos* *abristeis* *abrieron*

i Merke: Die Verben der 2. und 3. Konjugation (Verben auf **-er, -ir**) haben im *Indefinido* dieselben Endungen.

Gruppenverben

Bei Verben auf **-ir** mit Vokaländerung im Präsens von **-e-** zu **-i-** (→5.1.1.1 Gruppe **e › i**) wird in der 3. Person Singular und Plural des *Indefinido* der Stammvokal **-e-** zu **-i-**.

pedir bitten	
pedí	*pedimos*
pediste	*pedisteis*
pidió	*pidieron*

Bei Verben auf **-ir** mit Diphthongierung im Präsens von **-e-** zu **-ie-** (→5.1.1.1 Gruppe **e › ie**) wird in der 3. Person Singular und Plural des *Indefinido* der Stammvokal **-e-** zu **-i-**.

mentir lügen	
mentí	*mentimos*
mentiste	*mentisteis*
mintió	*mintieron*

Bei den Verben *dormir* (schlafen) und *morir* (sterben) wird in der 3. Person Singular und Plural des *Indefinido* der Stammvokal **-o-** zu **-u-**.

dormir schlafen	
dormí	*dormimos*
dormiste	*dormisteis*
durmió	*durmieron*

Bei einigen Verben wird in der 3. Person Singular und Plural des *Indefinido* das unbetonte **-i-** zwischen zwei Vokalen zu **-y-**.

creer glauben		***construir*** bauen	
creí	*creímos*	*construí*	*construimos*
creíste	*creísteis*	*construiste*	*construisteis*
creyó	*creyeron*	*construyó*	*construyeron*

Zu dieser Gruppe gehören z. B.:

- *caer* fallen
- *poseer* besitzen
- *leer* lesen
- *oír* hören

Auch Verben auf **-uir** (→ 5.1.1.1)

Orthografische Besonderheiten

Entsprechend den orthografischen Regeln verändert sich vor der Endung **-é** die Schreibweise:

Verben auf **-car:**
-c- › -qu- *sacar* herausnehmen, 1. Person Singular *saqué*
Verben auf **-gar:**
-g- › -gu- *pagar* bezahlen, 1. Person Singular *pagué*
Verben auf **-zar:**
-z- › -c- *comenzar* beginnen, 1. Person Singular *comencé*
Verben auf **-guar:**
-u- › -ü- *averiguar* erfahren, 1. Person Singular *averigüé*

Unregelmäßige Verben

– Die Verben *ser* sein (→5.7.1.1) und *ir* gehen (→12) sind im *Indefinido* identisch.
– Zu den unregelmäßigen Verben (→12).

5.1.1.4 Futur I

Regelmäßige Verben

Man bildet das Futur I mit dem Infinitiv, an den die Futurendungen angehängt werden. Die Endungen sind in den drei Konjugationen gleich.

-ar *hablar* sprechen	-er *temer* fürchten	-ir *abrir* öffnen
hablaré *hablarás* *hablará* *hablaremos* *hablaréis* *hablarán*	*temeré* *temerás* *temerá* *temeremos* *temeréis* *temerán*	*abriré* *abrirás* *abrirá* *abriremos* *abriréis* *abrirán*

i Merke: Das Futur I wird häufig in der gesprochenen Sprache durch *ir* (im Präsens) + *a* + Infinitiv ersetzt: *voy a hablar* statt *hablaré*.

Unregelmäßige Verben

Zu den unregelmäßigen Verben (→12).

5.1.2 Zusammengesetzte Tempora

Diese werden mit dem Hilfsverb *haber* und dem Partizip Perfekt gebildet. Zur Bildung von Partizipien (→5.9.2).

i Im Gegensatz zum Deutschen werden im Spanischen Hilfsverb und Partizip Perfekt nie voneinander getrennt.

5.1.2.1 Indikativ Perfekt

Das Perfekt wird mit dem Hilfsverb *haber* im Präsens und dem Partizip Perfekt gebildet.

Form von *haber*	-ar ***hablar*** sprechen	-er ***temer*** fürchten	-ir ***partir*** abreisen
he	*hablado*	*temido*	*partido*
has	*hablado*	*temido*	*partido*
ha	*hablado*	*temido*	*partido*
hemos	*hablado*	*temido*	*partido*
habéis	*hablado*	*temido*	*partido*
han	*hablado*	*temido*	*partido*

5.1.2.2 Indikativ Plusquamperfekt

Das Plusquamperfekt wird mit dem Hilfsverb *haber* im Imperfekt und dem Partizip Perfekt gebildet.

Form von *haber*	-ar ***hablar*** sprechen	-er ***temer*** fürchten	-ir ***partir*** abreisen
había	*hablado*	*temido*	*partido*
habías	*hablado*	*temido*	*partido*

había *habíamos* *habíais* *habían*	*hablado* *hablado* *hablado* *hablado*	*temido* *temido* *temido* *temido*	*partido* *partido* *partido* *partido*

5.1.2.3 Pretérito Anterior

Das *Pretérito Anterior* wird mit dem Hilfsverb *haber* im *Indefinido* und dem Partizip Perfekt gebildet.

Form von *haber*	**-ar *hablar*** sprechen	**-er *temer*** fürchten	**-ir *partir*** abreisen
hube *hubiste* *hubo* *hubimos* *hubisteis* *hubieron*	*hablado* *hablado* *hablado* *hablado* *hablado* *hablado*	*temido* *temido* *temido* *temido* *temido* *temido*	*partido* *partido* *partido* *partido* *partido* *partido*

5.1.2.4 Futur II

Das Futur II wird mit dem Hilfsverb *haber* im Futur I und dem Partizip Perfekt gebildet.

Form von *haber*	**-ar** ***hablar*** sprechen	**-er** ***temer*** fürchten	**-ir** ***partir*** abreisen
habré	*hablado*	*temido*	*partido*
habrás	*hablado*	*temido*	*partido*
habrá	*hablado*	*temido*	*partido*
habremos	*hablado*	*temido*	*partido*
habréis	*hablado*	*temido*	*partido*
habrán	*hablado*	*temido*	*partido*

5.1.3 Der Gebrauch der Tempora des Indikativs

Präsens

Das Präsens wird verwendet:

- zum Ausdruck von momentanen oder bis in die Gegenwart andauernden Handlungen oder Zuständen.

Hace frío.	Es ist kalt.
Los niños juegan.	Die Kinder spielen.
Estudio medicina.	Ich studiere Medizin.
Trabajan en un hospital.	Sie arbeiten in einem Krankenhaus.

- zum Ausdruck von Gewohnheiten und zeitlosen Feststellungen.

Desayuno a las ocho.	Ich frühstücke um acht.
La luna es un satélite de la tierra.	Der Mond ist ein Satellit der Erde.

- zum Ausdruck der Zukunft, wenn eine entsprechende Zeitangabe genannt wird.

Mañana te visito.	Morgen besuche ich dich.

- zum Ausdruck von vergangenen Vorgängen mit dem Ziel, eine Erzählung lebhafter darzustellen (historisches Präsens).

En 1936 comienza la guerra civil española.	1936 beginnt der Spanische Bürgerkrieg.

Imperfekt

Das Imperfekt wird verwendet:

- zur Beschreibung von Handlungen, Vorgängen oder Zuständen von unbestimmter Dauer in der Vergangenheit.

Mi abuelo era muy delgado.	Mein Großvater war sehr schlank.

– zum Ausdruck von Handlungen oder Gewohnheiten, die sich in der Vergangenheit regelmäßig wiederholt haben und zeitlich nicht begrenzt waren.

Nos veíamos todos los días.	Wir sahen uns jeden Tag.

Indefinido

Das *Indefinido* wird für abgeschlossene Handlungen oder Ereignisse in der Vergangenheit verwendet. Es wird benutzt:

– zum Ausdruck von Handlungen, die innerhalb eines abgeschlossenen Zeitraums oder zu einem konkreten Zeitpunkt in der Vergangenheit stattgefunden haben.

El mes pasado visité a mis padres.	Letzten Monat besuchte ich meine Eltern.

Das *Indefinido* wird häufig mit folgenden Zeitangaben benutzt:

– *ayer*	gestern
– *el año pasado*	vergangenes Jahr
– *la semana* pasada	letzte Woche
– *en 1993*	1993
– *hace 2 semanas*	vor zwei Wochen
– *el otro día*	neulich

Das Imperfekt gegenüber dem Indefinido

Das Imperfekt wird gebraucht, wenn mehrere Handlungen gleichzeitig ablaufen, die in ihrem Verlauf betrachtet werden. Anfang und Ende interessieren nicht.

Mientras ellos nadaban, nosotras leíamos.	Während sie schwammen, lasen wir.

Das *Indefinido* wird gebraucht, wenn mehrere Handlungen zeitlich aufeinander folgen, die als abgeschlossen betrachtet werden.

Luis tomó la maleta, se despidió y partió.	Luis nahm den Koffer, verabschiedete sich und reiste ab.

Wenn eine neue Handlung einsetzt, während eine andere im Verlauf ist, so benutzt man für die einsetzende Handlung das *Indefinido* und für die laufende das Imperfekt.
Mit dem Imperfekt wird der Hintergrund der Handlung beschrieben.

Estábamos en la playa cuando empezó la tormenta.	Wir waren am Strand, als das Gewitter anfing.

Futur I

Das Futur I wird verwendet:

- zum Ausdruck von zukünftigen Handlungen oder Zuständen.

Mañana iré al cine.	Morgen gehe ich ins Kino.
Estaremos de vuelta muy pronto.	Wir werden bald zurück sein.

- zum Ausdruck von Vermutungen in der Gegenwart.

Estarán cansados.	Sie werden wohl müde sein.

Perfekt

Das Perfekt wird für abgeschlossene Handlungen oder Ereignisse verwendet, die eine enge Beziehung zur Gegenwart haben. Es wird benutzt:

– für Handlungen, die in einem noch andauernden Zeitraum stattgefunden haben.

Este mes no he visitado a mis padres.	Diesen Monat habe ich meine Eltern nicht besucht.

– für Handlungen, die kurz vor der Gegenwart stattgefunden haben.

He visto a Carmen hace unos minutos.	Ich habe Carmen vor einigen Minuten gesehen.

– für Handlungen und Ereignisse der Vergangenheit, die Auswirkungen auf die Gegenwart haben.

He aprobado el examen.	Ich habe meine Prüfung bestanden.

Das Perfekt steht häufig mit folgenden Zeitangaben:

– *este año*	dieses Jahr	– *hoy*	heute
– *esta mañana*	heute Morgen	– *nunca*	nie
– *esta semana*	diese Woche	– *ya*	schon
– *todavía no*	noch nicht		

Plusquamperfekt

Das Plusquamperfekt wird für Handlungen oder Ereignisse verwendet, die bereits vor anderen Handlungen oder Ereignissen in der Vergangenheit stattgefunden haben.

Cuando llegamos, la película ya había comenzado.	Als wir ankamen, hatte der Film schon angefangen.

Pretérito Anterior

Das *Pretérito Anterior* wird heutzutage kaum verwendet. An seiner Stelle werden das Plusquamperfekt oder das Indefinido gebraucht. Es bezeichnet Handlungen, die vor einer anderen Handlung im *Indefinido* stattgefunden haben.

Apenas hube salido, comenzó a llover.	Kaum war ich draußen, begann es zu regnen.

Futur II

Das Futur II wird verwendet:

- zum Ausdruck einer Handlung, die abgeschlossen sein wird, wenn eine andere Handlung in der Zukunft eintritt.

Cuando me visites, ya habré recibido los muebles nuevos.	Wenn du mich besuchst, werde ich schon die neuen Möbel bekommen haben.

- zum Ausdruck von Vermutungen in der Vergangenheit.

Habrán estado cansados.	Sie werden wohl müde gewesen sein.

5.2 Der Konjunktiv (Subjuntivo)

5.2.1 Einfache Tempora

Konjunktiv Präsens

i Der Konjunktiv Präsens wird in der Regel aus dem Stamm der 1. Person Singular des Indikativ Präsens gebildet.

Regelmäßige Verben

-ar ***hablar*** sprechen	-er ***temer*** fürchten	-ir ***abrir*** öffnen
hable	*tema*	*abra*
hables	*temas*	*abras*
hable	*tema*	*abra*
hablemos	*temamos*	*abramos*
habléis	*temáis*	*abráis*
hablen	*teman*	*abran*

Gruppenverben

Bei einigen Verben auf **-iar** und **-uar** erhalten **-i-** bzw. **-u-** in den stammbetonten Formen einen Akzent: **i › í, u › ú.**

-iar ***confiar*** (an)vertrauen	-uar ***acentuar*** betonen
confíe	*acentúe*
confíes	*acentúes*
confíe	*acentúe*
confiemos	*acentuemos*
confiéis	*acentuéis*
confíen	*acentúen*

– Gruppe **e › ie**

Bei den Verben dieser Gruppe ändert sich in den stammbetonten Formen (im Singular bei allen Personen und in der 3. Person Plural) der Stammvokal **-e-** zu **-ie-**. Die Endungen sind regelmäßig.

pensar denken	***querer*** mögen, wollen	***mentir*** lügen
piense *pienses* *piense* *pensemos* *penséis* *piensen*	*quiera* *quieras* *quiera* *queramos* *queráis* *quieran*	*mienta* *mientas* *mienta* *mintamos* *mintáis* *mientan*

i Merke: Innerhalb dieser Gruppe wird bei den Verben auf **-ir** in der 1. und 2. Person Plural der Stammvokal **-e-** zu **-i-**: *mintamos, mintáis.*

Gleiches gilt für die folgenden Verben:

– *sentir*	spüren, wahrnehmen
– *preferir*	bevorzugen
– *sugerir*	vorschlagen

– Gruppe **o › ue**

Bei dieser Gruppe ändert sich in den stammbetonten Formen (im Singular bei allen Personen und in der 3. Person Plural) der Stammvokal **-o-** zu **-ue-**. Die Endungen sind regelmäßig.

contar (er)zählen	***volver*** zurück-kommen	***dormir*** schlafen
cuente	*vuelva*	*duerma*
cuentes	*vuelvas*	*duermas*
cuente	*vuelva*	*duerma*
contemos	*volvamos*	*durmamos*
contéis	*volváis*	*durmáis*
cuenten	*vuelvan*	*duerman*

i Bei den Verben *dormir* (schlafen) und *morir* (sterben) wird in der 1. und 2. Person Plural der Stammvokal **-o-** zu **-u-**: *durmamos, durmáis.*

i Bei *jugar* (spielen) wird der Stammvokal **-u-** in den stammbetonten Formen zu **-ue-**: *juegue, juegues, juegue, juguemos, juguéis, jueguen.*

– Gruppe **e › i**

Bei einigen Verben auf **-ir** ändert sich in allen Personen der Stammvokal **-e-** zu **-i-**.

pedir bitten	
pida	*pidamos*
pidas	*pidáis*
pida	*pidan*

Bei Verben auf **-acer, -ecer, -ocer, -ucir** wird in allen Personen **-c-** zu **-zc-**.

conocer kennen, kennen lernen	
conozca	*conozcamos*
conozcas	*conozcáis*
conozca	*conozcan*

Orthografische Besonderheiten

Den orthografischen Regeln entsprechend verändert sich bei einigen Verben in allen Personen die Schreibweise:

Verben auf **-guir: -gu- › -g-** *seguir: siga*

Verben auf **-ger, -gir: -g- › -j-** *elegir: elija*
Verben auf **-cer** nach Konsonant: **-c- › -z-** *convencer: convenza*
Verben auf **-car: -c- › -qu-** *sacar: saque*
Verben auf **-gar: -g- › -gu-** *pagar: pague*
Verben auf **-zar: -z- › -c-** *comenzar: comience*
Verben auf **-guar: -u- › -ü-** *averiguar: averigüe*

(→5.1.1.1, 5.1.1.3)

Unregelmäßige Verben

(→12)

Konjunktiv Imperfekt

i Es gibt zwei Formen des Konjunktiv Imperfekt, die gleichermaßen verwendet werden können.

Regelmäßige Verben

-ar ***hablar*** sprechen	
hablara/hablase *hablaras/hablases* *hablara/hablase*	*habláramos/hablásemos* *hablarais/hablaseis* *hablaran/hablasen*

-er ***temer*** fürchten	
temiera/temiese *temieras/temieses* *temiera/temiese*	*temiéramos/temiésemos* *temierais/temieseis* *temieran/temiesen*

-ir ***abrir*** öffnen	
abriera/abriese *abrieras/abrieses* *abriera/abriese*	*abriéramos/abriésemos* *abrierais/abrieseis* *abrieran/abriesen*

Gruppenverben
– Gruppe **e › i**

Bei einigen Verben auf **-ir** ändert sich in allen Personen der Stammvokal **-e-** zu **-i-**.

pedir bitten	
pidiera/pidiese *pidieras/pidieses* *pidiera/pidiese*	*pidiéramos/pidiésemos* *pidierais/pidieseis* *pidieran/pidiesen*

Bei den Verben *dormir* (schlafen) und *morir* (sterben) wird in allen Personen der Stammvokal **-o-** zu **-u-**.

dormir schlafen	
durmiera/durmiese	*durmiéramos/durmiésemos*
durmieras/durmieses	*durmierais/durmieseis*
durmiera/durmiese	*durmieran/durmiesen*

Bei den Verben, deren Stamm auf Vokal endet, ändert sich in allen Personen das unbetonte **-i-** der Endung zu **-y-**.

creer glauben	
creyera/creyese	*creyéramos/creyésemos*
creyeras/creyeses	*creyerais/creyeseiscreyera/*
creyese	*creyeran/creyesen*

Unregelmäßige Verben (→12)

5.2.2 Zusammengesetzte Tempora

Konjunktiv Perfekt
Der Konjunktiv Perfekt wird mit dem Hilfsverb *haber* im Konjunktiv Präsens und dem Partizip Perfekt gebildet.

Form von *haber*	-ar ***hablar*** sprechen	-er ***temer*** fürchten	-ir ***partir*** teilen
haya	*hablado*	*temido*	*partido*
hayas	*hablado*	*temido*	*partido*
haya	*hablado*	*temido*	*partido*
hayamos	*hablado*	*temido*	*partido*
hayáis	*hablado*	*temido*	*partido*
hayan	*hablado*	*temido*	*partido*

Konjunktiv Plusquamperfekt

Der Konjunktiv Plusquamperfekt wird mit dem Hilfsverb *haber* im Konjunktiv Imperfekt und dem Partizip Perfekt gebildet.

hubiera/hubiese	*hablado*
hubieras/hubieses	
hubiera/hubiese	*temido*
hubiéramos/hubiésemos	
hubierais/hubieseis	*partido*
hubieran/hubiesen	

i Beide Formen des Hilfsverbs *haber* werden verwendet. Üblicher ist jedoch ***hubiera*** **... .**

5.2.3 Gebrauch des Konjunktivs

Der Konjunktiv wird in Nebensätzen mit **que** (dass) benutzt:

– nach Verben und unpersönlichen Ausdrücken der Willensäußerung (Bitte, Wunsch, Befehl, Rat, Verlangen, Vorschlag, Erlaubnis, Verbot usw.).

– *aconsejar* raten
– *decir* sagen
– *desear* wünschen
– *esperar* hoffen
– *exigir* fordern
– *prohibir* verbieten
– *querer* wollen, mögen
– *recomendar* empfehlen
– *rogar* bitten
– *ordenar* befehlen
– *pedir* bitten
– *permitir* erlauben
– *preferir* vorziehen, lieber haben
– *es aconsejable* es ist ratsam
– *es conveniente* es ist angebracht
– *es mejor* es ist besser

Te aconsejo que leas el libro.	Ich rate dir, das Buch zu lesen.
Es conveniente que descanses.	Es ist angebracht, dass du ausruhst.

– nach Verben und Ausdrücken der Gefühlsäußerung (Freude, Ärger, Furcht, Hoffnung, Missfallen usw.).

- *agradecer* danken
- *alegrarse* de sich freuen
- *estar contento* froh sein
- *esperar* hoffen
- *lamentar* bedauern
- *preocupar* Sorgen machen
- *sentir* bedauern
- *temer* fürchten
- *es agradable* es ist angenehm
- *me extraña* es wundert mich
- *es extraño* es ist seltsam
- *me fastidia* es ärgert mich
- *me gusta* es gefällt mir
- *es una lástima* es ist schade
- *me molesta* es stört mich
- *es natural* es ist natürlich
- *me sorprende* es überrascht mich

Espero que lleguen pronto.	Ich hoffe, dass sie bald ankommen.
Me sorprende que no hayan venido.	Es überrascht mich, dass sie nicht gekommen sind.

– nach Verben und Ausdrücken des Zweifelns, der Möglichkeit und der Notwendigkeit.

- *hace falta* es ist notwendig
- *es importante* es ist wichtig
- *es imposible* es ist unmöglich
- *dudar* bezweifeln
- *es necesario* es ist nötig
- *es probable* es ist wahrscheinlich
- *es posible* es ist möglich
- *puede ser* es kann sein

Dudo que vendan la casa.	Ich bezweifle, dass sie das Haus verkaufen.
Es probable que nos encontremos el jueves.	Es ist wahrscheinlich, dass wir uns am Donnerstag treffen.
Es necesario que hablemos.	Es ist nötig, dass wir miteinander reden.

– nach Verben des Sagens, des Denkens, des Glaubens (nur in verneinter Form).

– *creer*	glauben	– *opinar*	glauben
– *decir*	sagen	– *pensar*	denken

No creo que vuelvan tarde.	Ich glaube nicht, dass sie spät zurückkommen.

Der Konjunktiv steht nach bestimmten Konjunktionen:

– *a no ser que*	es sei denn, dass
– *antes (de) que*	bevor
– *con tal de que*	vorausgesetzt, dass
– *en (el) caso (de) que*	falls
– *para que*	damit
– *sin que*	ohne dass

El año pasó sin que lo notáramos.	Das Jahr ging vorbei, ohne dass wir es merkten.

Nach folgenden Konjunktionen kann Konjunktiv oder Indikativ stehen. Der Konjunktiv wird benutzt, wenn der Nebensatz sich auf etwas Zukünftiges bezieht oder eine Möglichkeit ausdrückt. Der Indikativ wird verwendet, wenn es sich um Tatsachen handelt.

– cuando:

Cuando tenga dinero, me compro ropa.	Wenn ich Geld habe, kaufe ich mir Kleider.
Cuando tengo dinero, me compro ropa.	Wenn/immer wenn ich Geld habe, kaufe ich mir Kleider.

– hasta que:

Me quedo en casa hasta que pase la tormenta.	Ich bleibe zu Hause, bis der Sturm vorbei ist.
Me quedé en casa hasta que pasó la tormenta.	Ich blieb zu Hause, bis der Sturm vorbei war.

– *mientras:*

Mientras lea el libro, no me aburriré.	Solange ich das Buch lese, werde ich mich nicht langweilen.
Mientras leo el libro, no me aburro.	Während ich das Buch lese, langweile ich mich nicht.

– aunque:

Aunque haga frío, salimos.	Auch/selbst wenn es regnet, gehen wir aus.
Aunque hace frío, salimos.	Obwohl es regnet, gehen wir aus.

Der Konjunktiv steht in Relativsätzen:

– wenn darin ein Wunsch oder eine Bedingung ausgedrückt wird.

Necesito una persona que sepa escribir a máquina.	Ich brauche eine Person, die Maschineschreiben kann.
Busco un lugar donde haya mucho sol.	Ich suche einen Platz, wo es viel Sonne gibt.

Der Konjunktiv steht in Bedingungssätzen (→5.5).

Der Konjunktiv steht im Hauptsatz:

– zum Ausdruck eines Wunsches.

¡Que se mejore!	Gute Besserung!
¡Ojalá vengan!	Hoffentlich kommen sie!
¡Ojalá que no pase nada!	Hoffentlich passiert nichts!
¡Que descanses bien!	Schlaf gut!

– nach *quizá(s)* (vielleicht).

Quizá(s)/Tal vez nos visiten.	Vielleicht besuchen sie uns.
Quizás llegue tarde.	Vielleicht komme ich später.

Hier kann auch der Indikativ stehen, wenn die Vermutung sehr wahrscheinlich ist.

Quizá(s) voy al cine.	Vielleicht gehe ich ins Kino.

5.3 Das Konditional

5.3.1 Formen

Das Konditional I

Regelmäßige Verben

Man bildet das Konditional I mit dem Infinitiv, an den man die folgenden Endungen anhängt. Die Endungen sind für alle drei Konjugationen gleich.

-ar ***hablar*** sprechen	-er ***temer*** fürchten	-ir ***abrir*** öffnen
hablaría *hablarías* *hablaría* *hablaríamos* *hablaríais* *hablarían*	*temería* *temerías* *temería* *temeríamos* *temeríais* *temerían*	*abriría* *abrirías* *abriría* *abriríamos* *abriríais* *abrirían*

Unregelmäßige Verben

(→12)

Das Konditional II

Das Konditional II wird mit dem Hilfsverb haber im Konditional I und dem Partizip Perfekt gebildet.

Form von *haber*	**-ar** ***hablar*** sprechen	**-er** ***temer*** fürchten	**-ir** ***partir*** abreisen
habría	*hablado*	*temido*	*partido*
habrías	*hablado*	*temido*	*partido*
habría	*hablado*	*temido*	*partido*
habríamos	*hablado*	*temido*	*partido*
habríais	*hablado*	*temido*	*partido*
habrían	*hablado*	*temido*	*partido*

5.3.2 Gebrauch des Konditionals

Das Konditional wird gebraucht:

– zum Ausdruck einer höflichen Bitte oder eines Wunsches.

¿Podría decirme qué hora es?	Könnten Sie mir sagen, wie spät es ist?
Me gustaría ir al cine.	Ich würde gerne ins Kino gehen.

– zum Ausdruck einer Vermutung in der Vergangenheit.

No te llamó porque estaría ocupado.	Er rief dich nicht an, weil er wahrscheinlich beschäftigt war.

– zur Erteilung von Ratschlägen, zur vorsichtigen Äußerung einer Meinung.

Yo diría que ...	Ich würde sagen, dass ...

– im Hauptsatz eines irrealen Bedingungssatzes (→5.5).
– in der indirekten Rede (→10.4).

5.4 Der Imperativ

5.4.1 Formen

Nur die 2. Person Singular und die 2. Person Plural haben eine eigene Form. Der Imperativ der 2. Person Singular ist identisch mit der 3. Person Singular des Indikativ Präsens. Beim Imperativ der 2. Person Plural wird die Endung **-r** des Infinitivs durch ein **-d** ersetzt.
Die übrigen Personen und alle Formen des verneinten Imperativs werden mit dem Konjunktiv Präsens gebildet.

Regelmäßige Verben

-ar ***hablar*** sprechen	
Bejahung	Verneinung
habla *hable (usted)* *hablemos* *hablad* *hablen (ustedes)*	*no hables* *no hable* *no hablemos* *no habléis* *no hablen*

-er ***temer*** fürchten	
Bejahung	Verneinung
teme *tema (usted)* *temamos* *temed* *teman (ustedes)*	*no temas* *no tema* *no temamos* *no temáis* *no teman*

-ir ***abrir*** öffnen	
Bejahung	Verneinung
abre *abra (usted)* *abramos* *abrid* *abran (ustedes)*	*no abras* *no abra* *no abramos* *no abráis* *no abran*

Unregelmäßige Verben
(→12)

i Merke: Beim bejahten Imperativ werden die Pronomen angehängt. Zur Erhaltung der Betonung wird ein Akzent gesetzt.

¡Llámame!	Ruf mich an!
¡Compra la revista!	Kauf die Zeitschrift!
¡Cómprala!	Kauf sie!

⚠ Beachte: Anders als beim bejahten Imperativ stehen die Pronomen beim verneinten Imperativ direkt vor dem Verb:

¡No me llames!	Ruf mich nicht an!
¡No compres la revista!	Kauf nicht die Zeitschrift!
¡No la compres!	Kauf sie nicht!

⚠ Beachte: In der 1. Person Plural des bejahten Imperativs entfällt beim Anhängen des Reflexivpronomens *nos* das **-s** der Endung.

¡Levantémonos!	Stehen wir auf!

⚠ Beachte: In der 2. Person Plural des bejahten Imperativs entfällt bei reflexiven Verben das **-d**.

¡Levantaos!	Steht auf!

5.4.2 Gebrauch

Der Imperativ wird gebraucht:

– bei Befehlen

¡Apúrate!	Beeile dich!

– bei Ratschlägen

No comas tantos dulces.	Iss nicht so viele Süßigkeiten.

– bei Anweisungen

Tome el autobús número siete.	Nehmen Sie den Bus Nummer sieben.

5.5 Tempora und Modi im Bedingungssatz

Bedingungssätze werden aus einem Haupt- und einem Nebensatz gebildet, der mit *si* (wenn) eingeführt wird. Es gibt reale und irreale Bedingungssätze:

Realer Bedingungssatz
Hält man die Bedingung für erfüllbar, steht der *si*-Satz im Indikativ Präsens. Im Hauptsatz kann Indikativ Präsens, Futur oder Imperativ stehen.

Si voy a España, te visito.	Wenn ich nach Spanien gehe, besuche ich dich.
... te visitaré.	... werde ich dich besuchen.

Si vienes a Alemania, visítame.	Besuche mich, wenn du nach Deutschland kommst.

Irrealer Bedingungssatz

Irrealer Bedingungssatz der Gegenwart

Die Bedingung ist in der Gegenwart nicht erfüllt. Das Ereignis im Hauptsatz ist unwahrscheinlich. Im *si*-Satz steht der Konjunktiv Imperfekt, im Hauptsatz das Konditional I.

Si fuera/fuese a España, te visitaría.	Wenn ich nach Spanien gehen würde, würde ich dich besuchen.

Irrealer Bedingungssatz der Vergangenheit

Die Bedingung wurde in der Vergangenheit nicht erfüllt. Das Ereignis im Hauptsatz konnte sich nicht verwirklichen. Im *si*-Satz steht der Konjunktiv Plusquamperfekt, im Hauptsatz das Konditional II oder Konjunktiv Plusquamperfekt.

Si hubiera/hubiese ido a España, te habría visitado. *... te hubiera visitado.*	Wenn ich nach Spanien gegangen wäre, hätte ich dich besucht.

⚠ Im *si*-Satz darf nie Futur oder Konditional stehen!

Übung 9: Ergänzen Sie die Tabelle! Tragen Sie die fehlenden Verbformen in der 1. bis 3. Person Singular und Plural ein.

hablar	temer	abrir
hablo		
	temes	
		abre

Übung 10: Wie lautet die Verbform? Enträtseln Sie den Buchstabensalat!

1. conocer: zocnoco — *yo conozco*
2. producir: noduprec
3. acentuar: isactuáen
4. abrir: abrronie
5. construir: struismocon
6. mentir: tistemen

Übung 11: Ergänzen Sie die zusammengesetzten Verbformen mit der korrekten Form von „haber“!

1. Indikativ Perfekt: (yo) ____ partido
2. Indikativ Plusquamperfekt: (tú) ____ pensado
3. Pretérito Anterior: (el) ____ hablado
4. Futur II: (nosotros) ____ comido
5. Konjunktiv Perfekt: (vosotros) ____ visto
6. Konjunktiv Plusquamperfekt: (ellos) ____ dicho

Übung 12: Wann steht der Konjunktiv? Kreuzen Sie die korrekte Variante an!

1. ☐ a) Te aconsejo que vienes pronto.
   ☐ b) Te aconsejo que vengas pronto.
2. ☐ a) Espero que te acuerdes de mí.
   ☐ b) Espero que te acuerdas de mí.
3. ☐ a) Me das la sal, ¿por favor?
   ☐ b) Me des la sal, ¿por favor?
4. ☐ a) No creo que vamos al cine esta noche.
   ☐ b) No creo que vayamos al cine esta noche.

5.6 Das Passiv

Das Vorgangspassiv

Das Passiv wird mit *ser* + Partizip Perfekt gebildet. Das Partizip stimmt in Geschlecht und Zahl mit dem zugehörigen Substantiv überein. In der spanischen Umgangssprache wird das Passiv selten gebraucht.

ser amado geliebt werden		
soy amado/a *eres amado/a* *es amado/a*	*somos amados/as* *sois amados/as* *son amados/as*	ich werde geliebt ...

i Nur Verben mit einem direkten Objekt können das Passiv bilden. Das direkte Objekt des Aktivsatzes wird zum Subjekt des Passivsatzes. Das Subjekt des Aktivsatzes erhält im Passivsatz die Präposition *por* (von, durch).

Rita prepara la comida.	Rita bereitet das Essen vor.
La comida es preparada por Rita.	Das Essen wird von Rita vorbereitet.

Das Zustandspassiv

Das Zustandspassiv wird mit *estar* + Partizip Perfekt gebildet. Das Partizip stimmt in Geschlecht und Zahl mit dem zugehörigen Substantiv überein.

La comida está preparada.	Das Essen ist vorbereitet.
La comida estaba preparada.	Das Essen war vorbereitet.
Los ejercicios están hechos.	Die Übungen sind gemacht/erledigt.

Das reflexive Passiv

Das reflexive Passiv wird mit einer reflexiven Verbform in der 3. Person Singular oder Plural gebildet. Das Verb stimmt im Numerus mit dem Objekt überein.

En verano se toma mucha agua.	Im Sommer wird viel Wasser getrunken.
Se venden manzanas.	Es werden Äpfel verkauft.
Se vende pan.	Es wird Brot verkauft.

5.7 Die Verben »ser«, »estar« und »hay« – Formen und Gebrauch

5.7.1 Formen

Im Spanischen gibt es zwei Verben, die dem deutschen Verb »sein« entsprechen: *ser* und *estar.*

5.7.1.1 »Ser«

Der Indikativ

Präsens		Imperfekt	
soy	*somos*	*era*	*éramos*
eres	*sois*	*eras*	*erais*
es	*son*	*era*	*eran*

Indefinido		Futur I	
fui	*fuimos*	*seré*	*seremos*
fuiste	*fuisteis*	*serás*	*seréis*
fue	*fueron*	*será*	*serán*

Perfekt: *(yo) he sido ...* Pretérito Anterior: *(yo) hube sido ...*
Plusquamperfekt: *(yo) había sido ...* Futur II: *(yo) habré sido ...*

Der Konjunktiv

Präsens	Imperfekt
sea	*fuera/fuese*
seas	*fueras/fueses*
sea	*fuera/fuese*
seamos	*fuéramos/fuésemos*
seáis	*fuerais/fueseis*
sean	*fueran/fuesen*

Perfekt: *(yo) haya sido* usw.

Plusquamperfekt: *(yo) hubiera/hubiese sido* usw.

Das Konditional

Konditional I

sería	*seríamos*
serías	*seríais*
sería	*serían*

Konditional II: *(yo) habría sido* usw.

Der Imperativ

Bejahung		Verneinung	
tú sé	*nosotros seamos*	*tú no seas*	*nosotros no seamos*
él sea	*vosotros sed*	*él no sea*	*vosotros no seáis*
	ellos sean		*ellos no sean*

Partizip Perfekt: *sido* Gerundium: *siendo*

5.7.1.2 »Estar«

Der Indikativ

Präsens		Imperfekt	
estoy	*estamos*	*estaba*	*estábamos*
estás	*estáis*	*estabas*	*estabais*
está	*están*	*estaba*	*estaban*

Indefinido		Futur I	
estuve	*estuvimos*	*estaré*	*estaremos*
estuviste	*estuvisteis*	*estarás*	*estaréis*
estuvo	*estuvieron*	*estará*	*estarán*

Perfekt: *(yo) he estado* usw.

Plusquamperfekt: *(yo) había estado* usw.
Pretérito Anterior: *(yo) hube estado* usw.
Futur II: *(yo) habré estado* usw.

Der Konjunktiv

Präsens	Imperfekt
esté	*estuviera/estuviese*
estés	*estuvieras/estuvieses*
esté	*estuviera/estuviese*
estemos	*estuviéramos/estuviésemos*
estéis	*estuvierais/estuvieseis*
estén	*estuvieran/estuviesen*

Perfekt: *(yo) haya estado* usw.
Plusquamperfekt: *(yo) hubiera/hubiese estado* usw.

Das Konditional

Konditional I	
estaría	*estaríamos*
estarías	*estaríais*
estaría	*estarían*

Konditional II: *(yo) habría estado* etc.

Der Imperativ

Bejahung	Verneinung
está *esté* *estemos* *estad* *estén*	*no estés* *no esté* *no estemos* *no estéis* *no estén*

Partizip Perfekt: *estado* Gerundium: *estando*

5.7.1.2 »hay«

Hay (es ist, es sind, es gibt) ist eine unpersönliche Verbform des Hilfsverbs *haber*.

5.7.2 Gebrauch

5.7.2.1 Der Gebrauch von »ser«

Ser wird verwendet:

– bei Substantiven (meist Berufe).

Ana es médica.	Ana ist Ärztin.

– bei Adjektiven, die dauerhafte, wesentliche, typische Eigenschaften und Merkmale einer Person oder Sache ausdrücken.

Pablo es bajo.	Pablo ist klein.
Juan es inteligente.	Juan ist intelligent.
La casa es grande.	Das Haus ist groß.
Luisa es guapa.	Luisa ist schön (immer).

– mit der Präposition *de* zur Bezeichnung von Herkunft, Besitz und Material.

Wolfgang es de Colonia.	Wolfgang ist aus Köln.
El sombrero es de Teresa.	Der Hut gehört Teresa.
El anillo es de oro.	Der Ring ist aus Gold.

– bei Zeitangaben.

Hoy es sábado.	Heute ist Samstag.
Hoy es el 8 de mayo.	Heute ist der 8. Mai.
Son las ocho.	Es ist acht Uhr.

– bei Preisangaben.

Son nueve euros.	Das sind neun Euro.

– zur Bildung des Passivs (→5.6).

5.7.2.2 Der Gebrauch von »estar«

Estar wird verwendet:

– zur Bezeichnung des örtlichen Befindens.

Ricardo está en la cocina.	Ricardo ist in der Küche.
La farmacia está en la esquina.	Die Apotheke ist an der Ecke.

– bei Adjektiven, die einen vorübergehenden, veränderlichen Zustand bezeichnen.

Hoy estoy contenta.	Heute bin ich froh.
Los niños están cansados.	Die Kinder sind müde.
Los platos están sucios.	Die Teller sind schmutzig.
Luisa está guapa (esta noche).	Luisa sieht schön aus (heute Abend).

– als Hilfsverb beim Gerundium (→5.9.3) und beim Zustandspassiv (→5.6).

– zur Bezeichnung des persönlichen Befindens.

¿Cómo estás?	Wie geht es dir?
Rosa está enferma.	Rosa ist krank.
Estoy bien.	Mir geht es gut.

5.7.2.3 Der Gebrauch von »hay«

Hay wird zur Einführung von bisher noch nicht erwähnten Sachen oder Personen verwendet. *Hay* wird benutzt:

– vor Substantiven ohne Artikel oder mit unbestimmtem Artikel.

En el Caribe hay playas bonitas.	In der Karibik gibt es schöne Strände.
Hay un parque aquí cerca.	Es gibt einen Park hier in der Nähe.

– vor Zahlen.

Sobre la mesa hay dos botellas de vino.	Auf dem Tisch stehen zwei Flaschen Wein.

– vor Adjektiven, die eine unbestimmte Menge angeben.

En el centro hay mucho tráfico.	Im Zentrum ist viel Verkehr.
Hoy hay varias noticias interesantes.	Heute gibt es einige interessante Nachrichten.

5.7.2.4 Der Unterschied zwischen »ser« und »estar«

Bei Adjektiven, die dauerhafte, typische Eigenschaften bezeichnen, verwendet man *ser*.
Bei Adjektiven, die einen vorübergehenden, veränderbaren Zustand bezeichnen, verwendet man *estar*.

5.7.2.5 Der Unterschied zwischen »estar« und »hay«

Bei Substantiven mit bestimmtem Artikel und bei Eigennamen verwendet man *estar*.
Bei Substantiven ohne Artikel oder mit unbestimmtem Artikel verwendet man *hay*.

5.8 Reflexive Verben

5.8.1 Form

Als reflexiv bezeichnet man Verben, die von einem Reflexivpronomen begleitet werden.

Indikativ Präsens

ducharse sich duschen	
me ducho	*nos duchamos*
te duchas	*os ducháis*
se ducha	*se duchan*

5.8.2 Stellung des Reflexivpronomens

Das Reflexivpronomen

– steht vor dem konjugierten Verb (bei zusammengesetzten Tempora vor dem Hilfsverb).

Me lavo.	Ich wasche mich.
Me he lavado.	Ich habe mich gewaschen.

– muss beim bejahten Imperativ angehängt werden.

¡Lávate!	Wasch dich!
¡Lávense!	Waschen Sie sich!

– wird beim Infinitiv angehängt.

lavarse	sich waschen

– kann an das Gerundium angehängt werden oder vor dem konjugierten Verb stehen.

Estoy lavándome.	Ich wasche mich gerade.
Me estoy lavando.	Ich wasche mich gerade.

5.8.3 Gebrauch der reflexiven Verben

Einige Verben werden im Spanischen im Gegensatz zum Deutschen reflexiv gebraucht.

- *acostarse* zu Bett gehen
- *bañarse* baden
- *casarse* heiraten
- *despertarse* aufwachen
- *dormirse* einschlafen
- *levantarse* aufstehen
- *llamarse* heißen
- *quedarse* bleiben
- *romperse* zerbrechen

⚠ Einige Verben haben im Spanischen in ihrer reflexiven Form eine andere Bedeutung als in ihrer nicht reflexiven Form.

– *acostar* zu Bett bringen	– *acostarse* zu Bett gehen
– *cambiar* ändern, wechseln	– *cambiarse* sich umziehen
– *despertar* wecken	– *despertarse* aufwachen
– *dormir* schlafen	– *dormirse* einschlafen
– *ir* gehen	– *irse* weggehen
– *levantar* heben	– *levantarse* aufstehen
– *llamar* rufen, anrufen	– *llamarse* heißen
– *quedar* übrig bleiben	– *quedarse* bleiben

5.9 Infinitiv, Partizipien und Gerundium – Bildung und Gebrauch

5.9.1 Der Infinitiv

Der Infinitiv in verbalen Umschreibungen

acabar de + Infinitiv bezeichnet eine Handlung in naher Vergangenheit.

Acabo de llegar.	Ich bin gerade angekommen.

hay que + Infinitiv bezeichnet eine Verpflichtung oder eine Notwendigkeit in unpersönlicher Form.

Hay que lavar los platos.	Man muss die Teller spülen.

ir a + Infinitiv bezeichnet eine Handlung in naher Zukunft oder ein Vorhaben.

Voy a comprar pan.	Ich gehe (jetzt) Brot einkaufen.
En febrero voy a ir a España.	Im Februar werde ich nach Spanien fahren.

tener que + Infinitiv bezeichnet eine Verpflichtung oder Notwendigkeit.

Tengo que trabajar.	Ich muss arbeiten.

volver a + Infinitiv bezeichnet die Wiederholung einer Handlung.

Vuelvo a hacer la pregunta.	Ich stelle noch einmal die Frage.

Der Infinitiv als Verkürzung von Nebensätzen

al (als, während, wenn) + Infinitiv ersetzt einen Temporalsatz.

Al ir al centro me encontré con Laura.	Als ich ins Zentrum gefahren bin, habe ich Laura getroffen.

antes de (bevor) + Infinitiv ersetzt einen Temporalsatz.

Antes de comer ¡lávate las manos!	Bevor du isst, wasch dir die Hände.

después de (nachdem) + Infinitiv ersetzt einen Temporalsatz.

Después de ir al cine vamos a tomar algo.	Nachdem wir ins Kino gegangen sind, gehen wir etwas trinken.

para (um zu) + Infinitiv ersetzt einen Finalsatz.

Ella lo dice para ayudarte.	Sie sagt es, um dir zu helfen.

5.9.2 Die Partizipien

5.9.2.1 Bildung

Das Partizip Perfekt wird mit dem Stamm des Infinitivs und den entsprechenden Endungen gebildet.

- Verben auf **-ar** bilden das Partizip Perfekt auf **-ado**.
- Verben auf **-er** und auf **-ir** bilden das Partizip Perfekt auf **-ido**.

habl<u>ar</u>	sprechen	*habl<u>ado</u>*	gesprochen
tem<u>er</u>	fürchten	*tem<u>ido</u>*	gefürchtet
part<u>ir</u>	teilen, abreisen	*part<u>ido</u>*	geteilt, abgereist

Einige Verben haben ein unregelmäßiges Partizip.

abrir	öffnen	*abierto*
cubrir	decken	*cubierto*
decir	sagen	*dicho*
escribir	schreiben	*escrito*
hacer	machen	*hecho*
morir	sterben	*muerto*
poner	stellen, legen	*puesto*
romper	brechen	*roto*
ver	sehen	*visto*
volver	zurückkehren	*vuelto*

5.9.2.2 Gebrauch

Das Partizip Perfekt wird verwendet:
- zur Bildung der zusammengesetzten Tempora. Mit dem Hilfsverb *haber* ist das Partizip unveränderlich.

Hace unos minutos ha llegado tu hermano.	Vor einigen Minuten ist dein Bruder angekommen.

- zur Bildung des Passivs. In diesem Fall ist das Partizip veränderlich, weil es als Adjektiv fungiert.

Los soldados son despedidos por la muchedumbre.	Die Soldaten werden von der Menge verabschiedet.

– als Adjektiv. In diesem Fall ist das Partizip veränderlich.

Se casaron la semana pasada.	Sie haben vorige Woche geheiratet.
La solicitud propuesta se debatió en la reunión de trabajadores.	Der eingereichte Antrag wurde in der Betriebsversammlung diskutiert.

– zur Verkürzung von Temporalsätzen.

Terminada la fiesta, volvimos a casa.	Nachdem das Fest beendet war, gingen wir nach Hause.
Finalizado los deberes, el niño podrá ver la televisión.	Nachdem die Hausaufgaben erledigt sind, darf das Kind fernsehen.

– zur Verkürzung von Relativsätzen anstelle des Passivs.

Se trata de un robo planeado con mucha anticipación.	Es handelt sich um einen Diebstahl, der lange vorher geplant war.

No entspricht dem deutschen »kein«, wenn es vor Substantiven ohne bestimmten Artikel steht.

¿Tienes tiempo?	Hast du Zeit?
No, no tengo tiempo.	Nein, ich habe keine Zeit.

Die doppelte Verneinung

Im Spanischen kommen oft zwei oder mehr verneinende Wörter in einem Satz vor.

No queda nada.	Es bleibt nichts übrig.
No ha dicho ni palabra.	Er/Sie hat kein Wort gesagt.
Cuando conduzco nunca bebo nada de alcohol.	Wenn ich mit dem Auto fahre, trinke ich niemals Alkohol.

⚠ Wenn eine verneinte Form (*nunca* nie, *nada* nichts, *nadie* niemand, *ninguno/a* keiner, niemand usw.) hinter dem Verb steht, muss *no* vor dem Verb stehen.

No ha faltado nadie.	Niemand fehlte.
No puedo ver a nadie.	Ich kann niemanden sehen.

⚠ Wenn eine verneinte Form vor dem Verb steht, entfällt das *no*.

Nadie ha faltado.	Niemand fehlte.
Nunca ha dicho que no le gusten las corridas.	Er/Sie hat niemals gesagt, dass er/sie Stierkämpfe nicht mag.

Übung 13: Schreiben Sie die Sätze im Passiv auf!

1. Juan lava el coche.

2. María escribe una carta.

3. Los padres aman a sus hijos.

4. Clara prepara las comidas.

Übung 14: Formen von „ser": Ergänzen Sie die Tabelle!

Präsens	Imperfekt	Indefinido
soy		
	eras	
		fue

Übung 15: Wie lautet die Verbform von „estar"? Enträtseln Sie den Buchstabensalat!

1. Präsens: átiess — *vosotros estáis*
2. Imperfekt: tebasmosá
3. Futur I: rásseta
4. Konj. Präsens: seét
5. Konj. Imperfekt: verstuniea
6. Konditional I: íserata

Übung 16: Finden Sie acht Verbformen im Gitternetz!

A	Q	R	A	Y	A	F	L	R	F
L	L	A	M	A	M	E	E	T	A
I	A	N	A	D	Z	I	M	Y	L
H	V	O	N	C	B	H	P	V	T
C	O	N	D	U	Z	C	O	D	A
O	L	P	O	X	C	G	Z	F	R
M	G	B	T	D	V	E	N	G	O
E	J	M	V	S	F	J	B	H	N
D	U	C	H	A	I	S	C	M	P

6. Das Pronomen

6.1 Personalpronomen

Man unterscheidet zwischen Subjektpronomen und Objektpronomen.

6.1.1 Die Subjektpronomen

Formen

yo	ich	*nosotras*	wir (feminin)
tú	du	*vosotros*	ihr (maskulin)
él	er	*vosotras*	ihr (feminin)
ella	sie	*ellos*	sie (maskulin)
usted	Sie (Singular)	*ellas*	sie (feminin)
nosotros	wir (maskulin)	*ustedes*	Sie (Plural)

i Merke:
Im Spanischen wird im Gegensatz zum Deutschen auch im Plural nach dem Geschlecht des Subjekts unterschieden. In Lateinamerika wird für die 2. Person Plural anstelle von *vosotros ustedes* verwendet. Vor allem in Argentinien und Uruguay wird *vos* anstelle von *tú* verwendet.

Gebrauch

Im Spanischen werden die Subjektpronomen (mit Ausnahme der Höflichkeitsformen) in der Regel weggelassen.

¿Dónde vives?	Wo wohnst du?
Vivo en Alemania.	Ich wohne in Deutschland.

i Die Subjektpronomen werden verwendet, wenn das Subjekt betont werden soll, vor allem bei Gegenüberstellungen.

Él es médico y ella es fotógrafa.	Er ist Arzt und sie ist Fotografin.

Die Subjektpronomen werden außerdem in Sätzen ohne Verb verwendet.

– ¿Quién tiene una pregunta?	– Wer hat eine Frage?
– Yo.	– Ich.

6.1.2 Die Objektpronomen

Man unterscheidet zwischen unbetonten und betonten Objektpronomen. Außerdem gibt es Reflexivpronomen.

6.1.2.1 Unbetonte Objektpronomen

Unbetonte Objektpronomen können als direktes Objekt (Akkusativ) oder als indirektes Objekt (Dativ) verwendet werden.

Unbetonte Objektpronomen als direktes Objekt (Akkusativ)

me	mich	*nos*	uns
te	dich	*os*	euch
lo	ihn	*los*	sie (maskulin)
la	sie	*las*	sie (feminin)
lo	es	*los*	Sie (maskulin Plural)
lo	Sie (maskulin Singular)	*las*	Sie (feminin Plural)
la	Sie (feminin Singular)		

Unbetonte Objektpronomen als indirektes Objekt (Dativ)

me	mir
te	dir
le	ihm
le	ihr
le	Ihnen (Singular)

nos *os* *les* *les*	Ihnen (Singular) uns euch ihnen (maskulin und feminin) Ihnen (Plural)

i In vielen Gegenden Spaniens benutzt man statt *lo, los* (Akkusativ) die Formen *le, les.*

Stellung

Die unbetonten Objektpronomen stehen vor dem konjugierten Verb bzw. bei zusammengesetzten Tempora vor dem Hilfsverb.

La veré el jueves.	Ich werde sie am Donnerstag sehen.
Lo he dicho muchas veces.	Ich habe es mehrmals gesagt.

Beim bejahten Imperativ wird das unbetonte Objektpronomen an das Verb angehängt, beim verneinten Imperativ wird es vorangestellt.

¡Visítala!	Besuche sie!
¡No la visites!	Besuche sie nicht!

i Bei einer Konstruktion mit Modalverb und Infinitiv kann das Objektpronomen an den Infinitiv angehängt werden oder vor dem konjugierten Verb stehen.

No puedo creerlo.	Ich kann es nicht glauben.
No lo puedo creer.	Ich kann es nicht glauben.

Wenn zwei unbetonte Objektpronomen im selben Satz zusammentreffen, steht im Spanischen, anders als im Deutschen, das indirekte Objektpronomen vor dem direkten Objektpronomen.

Te lo cuento rápidamente.	Ich erzähle es dir schnell.

Das gilt auch für die Objektpronomen, die an den Imperativ angehängt werden.

¡Prométemelo!	Versprich es mir!

i Die indirekten Objektpronomen *le, les* werden durch *se* ersetzt, wenn sie unmittelbar vor den direkten Objektpronomen *lo, los, la, las* stehen.

Se lo regalaré.	Ich werde es ihr/ihm/ ihnen/Ihnen schenken.

Gebrauch

i Steht am Anfang des Satzes ein direktes oder indirektes Objekt, muss auch das entsprechende unbetonte Objektpronomen vor dem Verb stehen.

Esta historia ya la conozco.	Ich kenne diese Geschichte schon.

6.1.2.2 Die betonten Objektpronomen

Die betonten Objektpronomen werden immer in Verbindung mit einer Präposition (z. B. *de, a, para*) verwendet.

mí	mir/mich	*nosotras*	uns (feminin)
ti	dir/dich	*vosotros*	euch (maskulin)
él	ihm/ihn	*vosotras*	euch (feminin)
ella	ihr/sie	*ellos*	ihnen/sie (maskulin)
usted	Ihnen/Sie (Singular)	*ellas*	ihnen/sie (feminin)
		ustedes	Ihnen/Sie (Plural)
nosotros	uns (maskulin)		

i Mit Ausnahme der 1. und der 2. Person Singular werden die Formen der Subjektpronomen benutzt.

⚠ In der 1. und 2. Person Singular wird die Präposition *con* in Verbindung mit *mí* bzw. *ti* zu jeweils einer neuen Form: *conmigo* bzw. *contigo*.

¿Hablas conmigo?	Sprichst du mit mir?

Dativ und Akkusativ werden mit der Präposition *a* gebildet.

A ella no le creo ni una palabra.	Ich glaube ihr kein Wort.
A él lo veo todos los días.	Ich sehe ihn jeden Tag.

Gebrauch

Die betonten Objektpronomen werden verwendet:

– nach einer Präposition.

¿Hay un lugar libre para mí?	Gibt es einen freien Platz für mich?
¿Quieres salir esta noche con nosotros?	Willst du heute Abend mit uns ausgehen?

– zur Hervorhebung des direkten oder indirekten Objektes. In diesem Fall muss im Satz auch das entsprechende unbetonte Objektpronomen stehen.

A usted no lo conozco.	Ich kenne Sie nicht.
A mí me gusta bailar.	Mir gefällt es zu tanzen.

– um Missverständnisse zu vermeiden.

Hay que decírselo a él.	Man muss es ihm sagen.

6.1.2.3 Die Reflexivpronomen

Reflexivpronomen sind Objektpronomen, die sich auf das Subjekt beziehen.

me	mich	*nos*	uns
te	dich	*os*	euch
se	sich	*se*	sich

Stellung

Es gelten die gleichen Regeln wie für unbetonte Objektpronomen (→5.8.2, 6.1.2.1).

6.2 Possessivpronomen

6.2.1 Unbetonte Possessivpronomen

Die unbetonten Possessivpronomen stehen immer vor einem Substantiv.

Singular		**Plural**	
mein Sohn	*mi hijo*	meine Söhne	*mis hijos*
meine Tochter	*mi hija*	meine Töchter	*mis hijas*
dein	*tu hijo*	deine	*tus hijos*
deine	*tu hija*	deine	*tus hijas*
sein, ihr, Ihr	*su hijo*	seine, ihre, Ihre	*sus hijos*
seine, ihre, Ihre	*su hija*	seine, ihre, Ihre	*sus hijas*
unser	*nuestro hijo*	unsere	*nuestros hijos*
unsere	*nuestra hija*	unsere	*nuestras hijas*
euer	*vuestro hijo*	eure	*vuestros hijos*
eure	*vuestra hija*	eure	*vuestras hijas*
ihr, Ihr	*su hijo*	ihre, Ihre	*sus hijos*
ihre, Ihre	*su hija*	ihre, Ihre	*sus hijas*

Die unbetonten Possessivpronomen stehen unmittelbar vor dem Substantiv.

Mi hermano se casa.	Mein Bruder heiratet.

i Sie richten sich im Singular sowie in der 3. Person Plural nur in der Zahl nach dem Substantiv, vor dem sie stehen.

Mi amigo/amiga hace una fiesta.	Mein Freund/meine Freundin macht ein Fest.
Mis amigos/amigas hacen una fiesta.	Meine Freunde/Freundinnen machen ein Fest.

i Nur in der 1. und 2. Person Plural gibt es außerdem unterschiedliche Formen für Maskulinum und Femininum.

Vuestra idea es interesante.	Eure Idee ist interessant.
Vuestro proyecto es interesante.	Euer Entwurf ist interessant.
Nuestros hijos estudian en Madrid.	Unsere Kinder studieren in Madrid.
Nuestra hija se llama Sofía.	Unsere Tochter heißt Sofía.

i *Su* (sein, ihr und Ihr) ist das Possessivpronomen für *él, ella, usted, ellos, ellas* und *ustedes*. Bei Unklarheiten wird *su* durch den bestimmten Artikel ersetzt. Nach dem Substantiv stehen dann die Präposition *de* + das Personalpronomen.

Espero a su padre.	Ich warte auf seinen/ ihren/Ihren Vater.
Espero al padre de ella.	Ich warte auf ihren Vater.

6.2.2 Betonte Possessivpronomen

Die betonten Possessivpronomen können allein oder mit einem Substantiv stehen, aber dann nur nachgestellt und mit Artikel (z. B. *el libro mío* mein Buch).

Singular		**Plural**	
mein	*mío*	meine	*míos*
meine	*mía*	meine	*mías*
dein	*tuyo*	deine	*tuyos*
deine	*tuya*	deine	*tuyas*
sein, ihr, Ihr	*suyo*	seine, ihre, Ihre	*suyos*
seine, ihre, Ihre	*suya*	seine, ihre, Ihre	*suyas*
unser	*nuestro*	unsere	*nuestros*

Singular		Plural	
unsere	*nuestra*	unsere	*nuestras*
euer	*vuestro*	eure	*vuestros*
eure	*vuestra*	eure	*vuestras*
ihr, Ihr	*suyo*	ihre, Ihre	*suyos*
ihre, Ihre	*suya*	ihre, Ihre	*suyas*

i Die betonten Possessivpronomen richten sich in Geschlecht und Zahl nach dem Substantiv, auf das sie sich beziehen.

Tengo una fotografía nuestra. Ich habe ein Foto von uns.

Gebrauch

Die betonten Possessivpronomen werden direkt nach dem Substantiv verwendet, wenn vor diesem ein Artikel, ein Zahlwort, ein Indefinitpronomen oder ein Demonstrativpronomen steht.

He recibido una invitación suya.	Ich habe eine Einladung von ihm/ihr/ihnen/Ihnen bekommen.

Tengo dos bolígrafos tuyos.	Ich habe zwei Kugelschreiber von dir.
Algunas ideas tuyas no me gustan.	Einige deiner Ideen gefallen mir nicht.
Estas vacaciones nuestras son muy divertidas.	Unser Urlaub ist sehr lustig.
Las hijas suyas son muy guapas.	Seine Töchter sind sehr hübsch.

i Das betonte Possessivpronomen kann auch als Substantiv verwendet werden. In diesem Fall wird es von einem bestimmten Artikel begleitet. Es wird verwendet, um die Wiederholung eines Substantivs zu vermeiden.

¿Puedo usar tu encendedor?	Kann ich dein Feuerzeug benutzen?
El mío no funciona.	Meines funktioniert nicht.

i *ser* + betontes Possessivpronomen bedeutet »gehören«.

Esta corbata es mía.	Diese Krawatte gehört mir.
¿El coche rojo es tuyo?	Ist das rote Auto deins?

6.3 Demonstrativpronomen

Im Spanischen gibt es beim Demonstrativpronomen drei Möglichkeiten, um die Entfernung auszudrücken.

Erste Stufe: Es wird auf Sachen oder Personen hingewiesen, die sich in unmittelbarer Nähe des Sprechers befinden.

	Singular	**Plural**
maskulin	*este* dieser (hier)	*estos* diese (hier)
feminin	*esta* diese (hier)	*estas* diese (hier)

Zweite Stufe: Es wird auf Sachen oder Personen hingewiesen, die in der Nähe des Angesprochenen sind oder sich vom Sprecher etwas weiter entfernt befinden.

	Singular	**Plural**
maskulin	*ese* dieser da	*esos* diese da
feminin	*esa* diese da	*esas* diese da

Dritte Stufe: Es wird auf Sachen oder Personen hingewiesen, die räumlich oder zeitlich weiter entfernt vom Sprecher und vom Angesprochenen sind.

	Singular	Plural
maskulin	*aquel* der dort	*aquellos* die dort
feminin	*aquella* die dort	*aquellas* die dort

⚠ Ohne Akzent werden die Demonstrativpronomen geschrieben, wenn sie Begleiter eines Substantivs sind. Ersetzen sie ein Substantiv, so werden sie mit Akzent geschrieben.

Este coche es viejo.	Dieses Auto ist alt.
Éste es nuevo.	Dieses ist neu.

i Die Demonstrativpronomen *esto, eso* und *aquello* sind neutrale Formen und stehen daher nie mit einem Substantiv. Sie werden ohne Akzent geschrieben.

Esto no me gusta nada.	Das gefällt mir überhaupt nicht.
Aquello pertenece al pasado.	Das gehört der Vergangenheit an.

6.4 Interrogativpronomen

Alle Interrogativpronomen haben einen Akzent. Sie werden in der direkten Frage (*¿Quién eres?* Wer bist du?), in der indirekten Frage (*Me pregunta quién soy.* Er/sie fragt mich, wer ich bin.) und im Ausruf (*¡Qué bonito!* Wie schön!) gebraucht.

»quién, quiénes« (wer)

Im Spanischen hat dieses Pronomen eine Pluralform.
Es wird verwendet, um nach einer oder mehreren Personen zu fragen. Es steht allein.

¿Quién viene a tu boda?	Wer kommt zu deiner Hochzeit?
¿Quiénes son aquellos hombres?	Wer sind die Männer dort?
¿De quién estás hablando?	Von wem redest du?

»qué« (was, welcher, welche, welches, was für ein(e))

Wenn *qué* allein steht, bezieht es sich nur auf Sachen und bedeutet »was«. Es ist unveränderlich.

¿Qué has dicho?	Was hast du gesagt?
¡Qué me dices!	Was du nicht sagst!

Wenn es mit einem Substantiv steht, bezieht es sich auf Personen und Sachen und bedeutet »welcher, was für ein«.

¿Qué días puedes venir?	An welchen Tagen kannst du kommen?

»cuánto, cuánta, cuántos, cuántas« (wie viel(e))

Cuánto in Verbindung mit einem Substantiv stimmt in Geschlecht und Zahl mit diesem überein. Es bezieht sich auf Personen oder Sachen. Es fragt nach ihrer Anzahl oder nach einer unbestimmten Menge.

¿Cuántas personas hay en la sala?	Wie viele Personen sind im Saal?
¿Cuántos días tiene mayo?	Wie viele Tage hat der Mai?

»cuál, cuáles« (welcher, welches, welche)

Es wird verwendet, um eine Auswahl aus einer begrenzten Anzahl oder Gruppe zu treffen. Es fragt nach Personen oder Sachen und stimmt in der Zahl mit dem Substantiv überein, auf das es sich bezieht.

¿Cuál de estos dos vinos quieres beber?	Welchen der beiden Weine möchtest du trinken?

¿Cuáles son las ventajas de este proyecto?	Welches sind die Vorteile von diesem Projekt?

»cómo« (wie)

Cómo fragt nach der Art und Weise oder dem Zustand von Personen oder Sachen. Es ist unveränderlich.

¿Cómo te llamas?	Wie heißt du?
¿Cómo has hecho esta tarta?	Wie hast du diese Torte gemacht?

»dónde« (wo)

Dónde fragt nach dem Ort. Es ist unveränderlich.

¿Dónde está mi agenda?	Wo ist mein Kalender?

»cuándo« (wann)

Cuándo fragt nach der Zeit. Es ist unveränderlich.

¿Cuándo nos vemos?	Wann sehen wir uns?
¿Hasta cuándo tenemos que esperar?	Bis wann müssen wir warten?

6.5 Relativpronomen

»que«

Que ist das meistgebrauchte Relativpronomen. Es bezieht sich auf Personen oder Sachen und ist unveränderlich. Es kann Subjekt oder direktes Objekt des Relativsatzes sein.

Ana visita a Pedro.	Ana besucht Pedro.
Pedro está enfermo.	Pedro ist krank.
Ana visita a Pedro que está enfermo.	Ana besucht Pedro, der krank ist.

Juan hace un viaje.	Juan macht eine Reise.
El viaje le gusta.	Die Reise gefällt ihm.
Juan hace un viaje que le gusta.	Juan macht eine Reise, die ihm gefällt.

i *Que* kann auch nach einsilbigen Präpositionen stehen. Es bezieht sich dann meistens auf Sachen.

La ciudad en que vivo tiene mucho tráfico.	In der Stadt, in der ich wohne, ist viel Verkehr.

»el que«, »la que«, »los que«, »las que«

Que in Verbindung mit dem bestimmten Artikel wird verwendet:

– nach Präpositionen. In diesem Fall kann es sich auf Personen oder Sachen beziehen.

Las personas con las que trabajas son muy simpáticas.	Die Leute, mit denen du arbeitest, sind sehr sympathisch.
El tema del que hablo es complicado.	Das Thema, worüber ich spreche, ist kompliziert.

– nach zwei oder mehreren Substantiven zur Verdeutlichung der Beziehung.

Mi hermano y su esposa, a la que le gusta la naturaleza, viven en un pueblo pequeño.	Mein Bruder und seine Frau, der die Natur gefällt, wohnen in einem kleinen Dorf.
Mi hermano y su esposa, al que le gusta la naturaleza, viven en un pueblo pequeño.	Mein Bruder, dem die Natur gefällt, und seine Frau wohnen in einem kleinen Dorf.

– Das neutrale Relativpronomen *lo que* entspricht dem deutschen »(das), was«.

No comprendo lo que dices.	Ich verstehe nicht, was du sagst.

»quien, quienes«

Es bezieht sich nur auf Personen. Es wird nie von einem Artikel begleitet. Der Plural wird selten gebraucht.
Es kann durch *el que, la que* usw. ersetzt werden und wird meistens nach einsilbigen Präpositionen gebraucht.

La persona con quien aprendo español vuelve a Chile.	Die Person, mit der ich Spanisch lerne, kehrt zurück nach Chile.

»cuyo«, »cuya«, »cuyos«, »cuyas« (dessen, deren)

Es bezieht sich auf Personen oder Sachen und bezeichnet einen Besitz. Es richtet sich im Gegensatz zum Deutschen in Geschlecht und Zahl nicht nach dem vorangehenden, sondern nach dem nachfolgenden Substantiv. Es kann nach Präpositionen stehen und wird meistens in der Schriftsprache verwendet.

Un escritor colombiano, cuyas novelas son conocidas en todo el mundo, escribe su autobiografía.	Ein kolumbianischer Schriftsteller, dessen Romane in der ganzen Welt bekannt sind, schreibt seine Autobiografie.
Durante el viaje visitamos unas islas cuyo nombre ignoro.	Während der Reise haben wir einige Inseln besichtigt, deren Name ich nicht kenne.
La montaña, a cuya cima llegamos, no era muy alta.	Der Berg, an dessen Gipfel wir ankamen, war nicht sehr hoch.

»el cual«, »la cual«, »los cuales«, »las cuales«

Es bezieht sich auf Personen und Sachen. Es wird verwendet:

– nach zwei oder mehreren Substantiven zur Verdeutlichung der Beziehung.

La esposa de Roberto, la cual tiene treinta años, está encinta.	Die Frau von Roberto, die dreißig Jahre alt ist, ist schwanger.

La esposa de Roberto, el cual tiene treinta años, está encinta.	Die Frau von Roberto, der dreißig Jahre alt ist, ist schwanger.

– nach Präpositionen.

La empresa para la cual trabajo tiene muchos empleados.	Das Unternehmen, für das ich arbeite, hat viele Angestellte.
El motivo por el cual me gusta este libro, es ...	Der Grund, warum mir dieses Buch gefällt, ist ...

»cuanto«, »cuanta«, »cuantos«, »cuantas« („alles, was", „alle, die", „so viel")

Es steht ohne Bezugswort. Es kann nach einer Präposition stehen.

Haré cuanto pueda.	Ich werde alles machen, was ich kann.
Di la noticia a cuantos me llamaron.	Ich gab die Nachricht allen, die mich angerufen haben.
En cuanto sepa los resultados te llamaré.	Sobald ich die Ergebnisse kenne, rufe ich dich an.

6.6 Indefinitpronomen

Die Indefinitpronomen können die Funktion eines Substantivs oder eines Adjektivs haben. Sie stehen für eine Person oder Sache, die nicht näher bestimmt wird.

Indefinitpronomen in substantivischer Funktion

Algo (etwas) ist unveränderlich.

¿Quieres beber algo?	Willst du etwas trinken?

Alguien (jemand) ist unveränderlich.

Alguien ha llegado.	Jemand ist angekommen.

Nada (nichts) ist unveränderlich.

i Wenn *nada* nach dem Verb steht, muss man vor dem Verb *no* hinzufügen. Wenn *nada* vor dem Verb steht, entfällt *no*.

No ha pasado nada.	Es ist nichts passiert.
Nada ha pasado.	Nichts ist passiert.

Nadie (niemand) ist unveränderlich.

> **i** Wenn *nadie* nach dem Verb steht, muss man vor dem Verb *no* hinzufügen. Wenn *nadie* vor dem Verb steht, entfällt *no*.

No faltó nadie.	Es fehlte niemand.
Nadie faltó.	Niemand fehlte.

Cualquiera bedeutet »jede(-r, -s) (beliebige)«.

Cualquiera te lo puede decir.	Jeder kann es dir sagen.

Cada uno, cada una (jede(-r) (Einzelne)) wird nur im Singular verwendet.

Cada uno recibió su diploma.	Jeder bekam sein Zeugnis.

Indefinitpronomen in adjektivischer Funktion

Cierto, -a, -os, -as ((ein, -e) gewisse(-r, -s)) richtet sich in Geschlecht und Zahl nach dem Substantiv, auf das es sich bezieht.

Ciertas películas son muy violentas.	Gewisse Filme sind voller Gewalt.

Cualquier (jede(-r, -s) irgendein(-e)) ist unveränderlich.

Cualquier persona lo conoce.	Jeder kennt ihn/es.

Cada (jede(-r, -s)) ist unveränderlich. Vor einem Zahlwort + einem Substantiv im Plural bedeutet es »alle«.

Cada año viajo a Uruguay.	Jedes Jahr reise ich nach Uruguay.
Cada cuatro años cambio el coche.	Alle vier Jahre wechsle ich das Auto.

Indefinitpronomen in adjektivischer und substantivischer Funktion

Sie können ein Substantiv entweder begleiten oder vertreten.

Alguno, -a, -os, -as (jemand, irgendein(-e, -er) (Singular), einige (Plural)) richtet sich in Geschlecht und Zahl nach dem Substantiv, das es begleitet oder vertritt. Die maskuline Singularform wird vor Substantiven abgekürzt (*algún*).

Esperamos algunas horas.	Wir warteten einige Stunden.
Necesitaríamos algún voluntario.	Wir bräuchten irgendeinen Freiwilligen.

Algunos llegaron tarde.	Einige kamen spät an.

Ninguno, -a (kein (-e, -er), niemand) richtet sich im Geschlecht nach dem Substantiv, das es begleitet oder vertritt. Es wird nur im Singular verwendet. In adjektivischer Funktion steht es meistens vor dem Substantiv. Die maskuline Singularform wird vor Substantiven abgekürzt (*ningún*).

i Wenn *ninguno* nach dem Verb steht, muss vor dem Verb *no* stehen. Wenn *ninguno* vor dem Verb steht, entfällt *no*.

Ninguno llevaba reloj.	Niemand trug eine Uhr.
No teníamos ninguna prisa.	Wir hatten keine Eile.
En mayo no llovió ningún día.	Im Mai hat es keinen Tag geregnet.
Ningún día llovió en mayo.	Keinen Tag hat es im Mai geregnet.

Otro, -a, -os, -as (ein(-e) andere(-r, -s), noch ein(-e, -er)) richtet sich in Geschlecht und Zahl nach dem Substantiv, das es begleitet oder vertritt.

Otro día te lo cuento.	Ich erzähle es dir an einem anderen Tag.
Pregúntaselo a otro.	Frage es einen anderen.

⚠ Achtung: Vor *otro* steht im Gegensatz zum Deutschen nie der unbestimmte Artikel.

Mucho, -a, -os, -as bedeutet »viel(-e)«

Hay muchos heridos.	Es gibt viele Verletzte.
Muchos tienen heridas leves.	Viele haben leichte Verletzungen.

Poco, -a, -os, -as bedeutet »wenig (-e)«

Fueron pocos al estadio.	Es gingen wenige ins Stadion.
Tenemos poco pan.	Wir haben wenig Brot.

Demasiado, -a, -os, -as bedeutet »zu viel(-e)«

Hay demasiado tráfico.	Es gibt zu viel Verkehr.
Somos demasiados.	Wir sind zu viele.

Tanto, -a, -os, -as bedeutet »(so) viel(-e)«

No tenemos lugar para tantos.	Wir haben keinen Platz für so viele.
¡No hagas tanto ruido!	Mach nicht so viel Lärm!

Todo, -a, -os, -as bedeutet »ganz, jeder (Singular), alle, jede (Plural)«

a) als Adjektiv

Es richtet sich in Geschlecht und Zahl nach dem Substantiv, das es begleitet.

Nach *todo* steht in der Regel ein weiteres Begleitwort (z. B. der bestimmte oder unbestimmte Artikel) vor dem Substantiv.
In diesem Fall bedeutet *todo* im Singular »ganz«, im Plural »alle, jede«.

Durará todo el año.	Es wird das ganze Jahr dauern.
Durará todo un año.	Es wird ein ganzes Jahr dauern.

Todos los clientes estaban satisfechos.	Alle Kunden waren zufrieden.

i *Todo* kann auch ohne Begleitwort vor dem Substantiv stehen. In diesem Fall bedeutet es »jeder«.

Toda persona tiene sus defectos.	Jeder hat seine Fehler.

b) als Substantiv

Todos se apuraron mucho.	Alle beeilten sich sehr.

Mismo, -a, -os, -as (derselbe, dieselbe, dasselbe usw., selbst) richtet sich in Geschlecht und Zahl nach dem Substantiv, das es begleitet oder vertritt.

Tenemos las mismas dudas.	Wir haben dieselben Zweifel.
Yo mismo lo vi.	Ich selbst sah es.
¡Siempre lo mismo!	Immer dasselbe!

Übung 17: Wandeln Sie die Sätze um, indem Sie ein Pronomen an das Verb hängen!

1. No lo puedo aceptar.

2. Está preparando la comida.

3. Se están probando la ropa.

4. Por favor, ¡cuéntame la historia!

Übung 18: Welches Pronomen gehört zu welchem Begriff?

1. ☐ hijos	a) vuestra
2. ☐ casa	b) su
3. ☐ ideas	c) suyos
4. ☐ perro	d) tuyas

Übung 19: Ergänzen Sie die Tabelle!

ese			
	esta		
		cuyos	
			aquellas

Übung 20: Setzen Sie das korrekte Pronomen ein!

nada | cómo | dónde | algunos | cuáles | cuándo

1. ¿ _______ de tus zapatos te vas a poner?
2. ¿ _______ vas a partir a Madrid?
3. ¿ _______ está la carta? No la puedo encontrar.
4. ¿ _______ estás?
5. ¿Puedes ir al supermercado? No nos queda _______ de leche.
6. _______ saben más que otros.

7. Die Konjunktionen

Die Konjunktionen verbinden Sätze und Satzteile miteinander. Es gibt beiordnende Konjunktionen und unterordnende Konjunktionen.

7.1 Die beiordnenden Konjunktionen

Die beiordnenden Konjunktionen verbinden gleichrangige Sätze oder Satzteile.

Kopulative Konjunktionen: »y« (und), »ni« (und nicht)

Niños y adultos fueron a la exposición.	Kinder und Erwachsene gingen zur Ausstellung.
No lo sé, ni me interesa.	Ich weiß es nicht, und es interessiert mich nicht.

⚠ Merke: *y* wird zu *e* vor Wörtern, die mit *i-* oder *hi-* beginnen:

Necesito aguja e hilo.	Ich brauche Nadel und Faden.

Disjunktive Konjunktionen: »o« (oder), »o ... o« (entweder ... oder), »ni ... ni» (weder ... noch)

¿Bebes cerveza o vino?	Trinkst du Bier oder Wein?
O te apresuras o nos vamos.	Entweder beeilst du dich, oder wir gehen.
Ni hace frío ni calor.	Es ist weder kalt noch warm.

Merke: *o* wird zu *u* vor Wörtern, die mit *o-* beginnen:

Eran setenta u ochenta invitados.	Es waren siebzig oder achtzig Gäste.

Adversative Konjunktionen: »pero« (aber), »sin embargo« (trotzdem, jedoch), »sino« (sondern)

Me he apresurado, pero he perdido el tren.	Ich habe mich beeilt, aber ich habe den Zug verpasst.
Lo comprendo, sin embargo no estoy de acuerdo.	Ich verstehe es, trotzdem bin ich nicht einverstanden.

No quiero comer ahora, sino más tarde.	Ich möchte nicht jetzt essen, sondern später.

7.2 Die unterordnenden Konjunktionen

Die unterordnenden Konjunktionen verbinden Hauptsätze mit Nebensätzen.

Temporale Konjunktionen: »antes de que« (bevor), »cuando« (als, wenn), »cada vez que« (jedes Mal, wenn), »mientras« (während), »hasta que« (bis), »después de que« (nachdem), »desde que« (seitdem)

Cuando lo notaron, ya era demasiado tarde.	Als sie es bemerkt haben, war es schon zu spät.
Cada vez que lo veo, me pongo nerviosa.	Jedes Mal, wenn ich ihn sehe, werde ich nervös.

⚠ Merke: Nach *antes de que* steht immer ein Verb im Konjunktiv.

Antes de que te vayas a Europa nos tenemos que ver.	Bevor du nach Europa fährst, müssen wir uns sehen.

Die anderen temporalen Konjunktionen stehen mit Konjunktiv, wenn die Handlung des Nebensatzes in der Zukunft liegt.

Esperaré hasta que me canse.	Ich werde warten, bis ich müde werde.

Kausale Konjunktionen: »como« (da), »porque« (weil), »puesto que/ya que« (da)

Como no teníamos dinero, no hicimos el viaje.	Da wir kein Geld hatten, machten wir die Reise nicht.
El niño lloraba porque tenía hambre.	Das Kind weinte, weil es Hunger hatte.

Finale Konjunktion: »para que« (damit)

Lo repito para que no lo olvides.	Ich wiederhole es, damit du es nicht vergisst.

i Merke: Das Verb steht nach *para que* immer im Konjunktiv.

Konsekutive Konjunktionen:
»de manera que«/»de modo que«/»de forma que« (so dass, also)

Está enfermo, de manera que no puede beber alcohol.	Er ist krank, also darf er keinen Alkohol trinken.

Konzessive Konjunktionen:
»aunque« + Indikativ (obwohl), »aunque« + Konjunktiv (selbst wenn)

Aunque estuvieron allí temprano, no consiguieron entradas.	Obwohl sie früh dort waren, bekamen sie keine Eintrittskarten.
Aunque estén allí temprano, no conseguirán entradas.	Selbst wenn sie früh dort sind, werden sie keine Eintrittskarten bekommen.

Konditionale Konjunktionen: »si« (wenn, falls), »en caso de que« (falls), »siempre que« (vorausgesetzt, dass), »a condición de que« (unter der Bedingung, dass)

Si no te sientes bien, quédate en casa.	Wenn du dich nicht gut fühlst, bleib zu Hause.

Te lo diré a condición de que quede entre nosotros.	Ich werde es dir sagen, unter der Bedingung, dass es unter uns bleibt.
En caso de que la veas, envíale mis saludos.	Falls du sie siehst, richte ihr meine Grüße aus.

i Merke:
- Nach den Konjunktionen *en caso de que, siempre que, a condición de que* steht das Verb im Konjunktiv.
- Nach *si* kann Indikativ oder Konjunktiv stehen (→5.5).

Modale Konjunktionen: »como/según« (wie)

Como ves, no he cambiado nada.	Wie du siehst, habe ich mich nicht verändert.
Habla como un experto.	Er spricht, als ob er ein Experte wäre.

8. Die Präpositionen

Die Präposition »a«

Sie wird verwendet:

– beim direkten Objekt von Personen.

¿Conoces a Pedro Ramos?	Kennst du Pedro Ramos?

– beim indirekten Objekt.

Le compraré un helado a tu hija.	Ich werde deiner Tochter ein Eis kaufen.

– zur Angabe der Richtung (wohin?).

¿Vamos a Colonia?	Fahren wir nach Köln?

– für einige Ortsangaben (wo?).

al sol/a la sombra/ al aire libre	in der Sonne/ im Schatten/im Freien
a la derecha/a la izquierda	rechts/links
al norte/al sur	nördlich/südlich
a la entrada	am Eingang

– zur Angabe der Entfernung.

El aeropuerto está a diez kilómetros de la ciudad.	Der Flughafen ist zehn Kilometer von der Stadt entfernt.

– zur Angabe eines Zeitpunkts (wann?).

a las diez	um zehn Uhr
a los ochenta años	mit achtzig Jahren

– zur Angabe der Art und Weise bzw. des Mittels.

a pie/a caballo	zu Fuß/zu Pferd
a mano/a máquina	mit der Hand/mit der Maschine

Die Präposition »con«

Sie wird verwendet:

– zur Angabe der Begleitung.

Voy con Pablo al teatro.	Ich gehe mit Pablo ins Theater.

– zur Angabe des Mittels oder Werkzeugs.

Escribo con lápiz.	Ich schreibe mit Bleistift.

– zur Angabe der Art und Weise.

Habló con seguridad.	Sie/Er sprach sicher.

Die Präposition »de«

Sie wird verwendet:
– zur Angabe eines Besitzes.

la casa de mis padres	das Haus meiner Eltern

– zur Angabe des Materials.

El anillo es de plata.	Der Ring ist aus Silber.

– zur Angabe der Herkunft.

Soy de Alemania.	Ich bin aus Deutschland.

– zur Angabe des Zeitraums.

de cuatro a cinco	von vier bis fünf

– zur Angabe einer Ursache.

morirse de hambre	vor Hunger sterben

– zur näheren Bestimmung.

el café de la esquina	das Café an der Ecke

– um einen Teil eines Ganzen anzugeben.

un litro de agua	ein Liter Wasser

Die Präposition »desde«

Sie wird verwendet:
– zur Angabe des Ortes.

desde el tren	vom Zug aus

– zur Angabe der Zeit.

desde hoy	seit heute

Die Präposition »por«

Sie wird verwendet:
– zur Angabe des Grundes oder der Ursache.

No voy allí por el peligro.	Ich fahre wegen der Gefahr nicht dorthin.

– zur ungefähren Ortsangabe.

Tiene que ser por aquí.	Es muss irgendwo hier sein.

– zur Angabe eines Ortes, den man durchquert bzw. an dem man vorbeikommt.

Regresamos por Roma.	Wir kehrten über Rom zurück.

– zur ungefähren Angabe eines Zeitpunkts.

por la mañana	vormittags
por mayo	im Mai

– zur Angabe eines Mittels.

por correo	mit der Post
por teléfono	per Telefon

– zur Angabe des Urhebers der Handlung beim Passiv.

Las plantas fueron regadas por la mujer.	Die Pflanzen wurden von der Frau gegossen.

– zur Angabe des Preises.

La he comprado por 10 euros.	Ich habe sie für 10 Euro gekauft.

Die Präposition »sobre«

Sie wird verwendet:
– zur Angabe des Ortes.

sobre el escritorio	auf dem Schreibtisch

– zur Angabe eines Themas.

Hay noticias sobre la guerra.	Es gibt Nachrichten über den Krieg.

Die Präposition »sin« (ohne)

Se trata sin duda de un robo.	Ohne Zweifel handelt es sich um einen Diebstahl.

Übung 21: Kreuzen Sie die korrekte Variante an!

1. ☐ a) No tengo hambre no sed.
   ☐ b) Ni tengo hambre ni sed.
2. ☐ a) No quiero viajar en tren, sino en coche.
   ☐ b) No quiero viajar en tren, porque en coche.
3. ☐ a) Te lo digo para que lo sepas.
   ☐ b) Te lo digo si lo sepas.
4. ☐ a) Se viste de manera que una jovencita.
   ☐ b) Se viste como una jovencita.

Übung 22: „Por“ oder „para“? Setzen Sie ein!

1. Juan llama a María ________ teléfono.
2. Quiere visitarla ________ la tarde.
3. ________ Juan es muy importante.
4. Muchas gracias ________ tu visita.
5. Es un placer ________ mí.
6. ¿Nos damos un paseo ________ la playa?

Übung 23: Verbinden Sie die zusammengehörenden Satzteile und setzen Sie die fehlende Präposition ein!

desde | a | de | en | con | en

1. ☐ Voy ____	a) es ____ cuero.
2. ☐ Quedamos	b) viajar ____ tren.
3. ☐ El sillón	c) María a la playa.
4. ☐ Tengo vacaciones	d) siempre estoy alegre.
5. ☐ Me gusta	e) ____ las diez y cuarto.
6. ☐ ____ verano	f) ____ hoy.

Übung 24: Übersetzen Sie!

1. auf dem Tisch ____
2. Juans Buch ____
3. Zug fahren ____
4. aus Spanien ____

9. Zahlen und Uhrzeit

9.1 Zahlen

9.1.1 Die Grundzahlen

0 cero	22 veintidós	80 ochenta
1 uno	23 veintitrés	90 noventa
2 dos	24 veinticuatro	100 cien/ciento
3 tres	25 veinticinco	101 ciento uno
4 cuatro	26 veintiséis	200 doscientos
5 cinco	27 veintisiete	300 trescientos
6 seis	28 veintiocho	400 cuatrocientos
7 siete	29 veintinueve	500 quinientos
8 ocho	30 treinta	600 seiscientos
9 nueve	31 treinta y uno	700 setecientos
10 diez	32 treinta y dos	800 ochocientos
11 once	33 treinta y tres	900 novecientos
12 doce	34 treinta y cuatro	1.000 mil
13 trece	35 treinta y cinco	1.001 un mil uno
14 catorce	36 treinta y seis	2.000 dos mil
15 quince	37 treinta y siete	3.000 tres mil
16 dieciséis	38 treinta y ocho	100.000 cien mil
17 diecisiete	39 treinta y nueve	200.000 doscientos mil
18 dieciocho	40 cuarenta	1.000.000 un millón
19 diecinueve	50 cincuenta	1.000.001 un millón uno
20 veinte	60 sesenta	2.000.000 dos millones
21 veintiuno	70 setenta	1.000.000.000 mil millones

i Die Zahl 1 wird vor maskulinen Substantiven zu *un* und vor femininen Substantiven zu *una*. Das gilt auch für zusammengesetzte Zahlen.

un instrumento	ein Instrument
veintiún invitados	einundzwanzig Gäste
treinta y una semanas	einunddreißig Wochen

i Ab 30 werden Zehner und Einer getrennt geschrieben. Sie werden durch *y* miteinander verbunden.

cuarenta y tres	43
sesenta y cinco	65
noventa y ocho	98

⚠ Merke: *y* steht nur zwischen Zehnern und Einern!

ciento treinta y tres	133
mil ciento cinco	1.105
un millón tres mil cuatro	1.003.004

100 heißt *cien* und *ciento*.

i *Cien* wird vor Substantiven oder vor größeren Zahlen (*mil, millones*) verwendet.

cien soldados	hundert Soldaten
cien mil	100.000

Ciento wird vor Zehnern und Einern verwendet.

ciento cincuenta	150
ciento dos	102

i Ab 200 richten sich die Hunderter im Geschlecht wie Adjektive nach dem nachfolgenden Substantiv. Das gilt auch, wenn nach den Hundertern ein weiteres Zahlwort steht.

cuatrocientas páginas	vierhundert Seiten
setecientas noventa horas	siebenhundertneunzig Stunden

Mil als Zahl ist unveränderlich.

mil cosas	tausend Dinge

Millón ist ein Substantiv und wird mit dem unbestimmten Artikel gebraucht. Zwischen *millón/millones* und dem nachfolgenden Substantiv steht *de*. Das gilt nicht, wenn nach *millón/millones* weitere Zahlwörter stehen.

un millón de dólares	eine Million Dollar
un millón quinientos mil euros	eine Million fünfhunderttausend Euro

Mil millones sind eine Milliarde.

Gebrauch der Grundzahlen

Angabe des Datums

Das Datum wird im Spanischen mit der Grundzahl + *de* wiedergegeben.

el ocho de febrero	der 8. Februar

⚠ Ausnahme: Statt *uno* wird in seltenen Fällen auch die Ordnungszahl *(primero)* gebraucht.

el uno de enero	der 1. Januar
el primero de enero	der 1. Januar

Die Jahreszahl wird im Gegensatz zum Deutschen nicht in Hunderten gesprochen. Sie wird mit *de* angeschlossen.

1591 *(mil quinientos noventa y uno)*
el 25 de mayo de 1810 (mil ochocientos diez)
der 25. Mai 1810

i Zur Angabe des Jahrhunderts werden die Grundzahlen gebraucht. Sie werden in römischen Zahlen ohne Punkt geschrieben.

siglo XX (veinte)	20. Jahrhundert

9.1.2 Die Ordnungszahlen

1° primero	14° decimocuarto
2° segundo	15° decimoquinto
3° tercero	20° vigésimo
4° cuarto	21° vigésimo primero
5° quinto	30° trigésimo
6° sexto	40° cuadragésimo
7° séptimo	50° quincuagésimo

8° octavo	60° sexagésimo
9° noveno	70° septuagésimo
10° décimo	80° octogésimo
11° undécimo	90° novagésimo
12° duodécimo	100° centésimo
13° decimotercero	1.000° milésimo

Ordnungszahlen richten sich in Geschlecht und Zahl nach dem Substantiv, auf das sie sich beziehen.

primeros pasos	erste Schritte
sexto piso	sechste Etage
segunda vez	zweites Mal

⚠ *Primero* und *tercero* werden vor einem maskulinen Substantiv im Singular zu *primer* und *tercer* verkürzt.

el primer tren	der erste Zug
el tercer año	das dritte Jahr

Wenn die Ordnungszahlen in Ziffern geschrieben werden, so stehen nach den Ziffern die letzten Buchstaben der Ordnungszahlen hochgestellt.

1er (primer) dia	erster Tag
5º (quinto) semestre	fünftes Semester
2ª (segunda) semana	zweite Woche

Gebrauch der Ordnungszahlen

Die Ordnungszahlen werden im Spanischen in der Regel nur bis *décimo* verwendet. Bei höheren Zahlen werden sie durch Grundzahlen ersetzt.

Es el piso número doce.	Es ist der zwölfte Stock.

9.2 Uhrzeit

Bei der Angabe der Uhrzeit werden im Spanischen der feminine bestimmte Artikel und eine Grundzahl verwendet. Das Verb *ser* (sein) und der Artikel stehen bei *una* im Singular, sonst im Plural.

¿Qué hora es?	Wie viel Uhr ist es?
Es la una.	Es ist ein Uhr.
Son las dos.	Es ist zwei Uhr.
Son las tres.	Es ist drei Uhr.

Bis zu einer halben Stunde nach der vollen Stunde werden die Minuten mit *y* addiert.

las nueve y diez	zehn nach neun
las nueve y cuarto	Viertel nach neun
las nueve y media	halb zehn

Danach werden die Minuten mit *menos* von der folgenden vollen Stunde abgezogen.

las diez menos cinco	fünf vor zehn
las diez menos cuarto	Viertel vor zehn

»Um« wird im Spanischen mit der Präposition *a* angegeben.

¿A qué hora?	Um wie viel Uhr?
A la una.	Um ein Uhr.
A las dos.	Um zwei Uhr.

Mit Ausnahme von offiziellen Zeitangaben werden in der Regel nur die Zahlen von eins bis zwölf verwendet. Oft wird die Tageszeit hinzugefügt.

las seis de la tarde	sechs Uhr nachmittags

Übung 25: Schreiben Sie die Zahlen aus!

1. ______ = 21
2. ______ = 1.000
3. ______ = 50
4. ______ = 37
5. ______ = 17
6. ______ = 400
7. ______ = 136
8. ______ = 1.200.000

Übung 26: Wie lauten die Ordnungszahlen?

1. ☐	primero	a)	9°
2. ☐	cuadragésimo	b)	11°
3. ☐	noveno	c)	90°
4. ☐	undécimo	d)	1°
5. ☐	novagésimo	e)	13°
6. ☐	decimotercero	f)	40°

Übung 27: Setzen Sie die angegebenen Zahlen, Daten oder Uhrzeiten ein!

1. el (7°) ____________ piso
2. la (30°) ____________ semana
3. el (22) ____________ de marzo
4. a las (17:30) ____________
5. a las (7:55) ____________
6. el edificio número (55) ____________

Übung 28: Finden Sie acht Zahlen im Gitternetz!

D	U	O	D	E	C	I	M	O	V	X	B
O	Z	C	I	B	A	N	D	G	H	M	O
C	C	H	F	H	T	P	J	Q	C	T	N
E	F	O	C	T	O	G	E	S	I	M	O
Y	G	D	E	C	R	R	A	Y	N	A	V
D	H	J	M	S	C	L	T	F	C	G	E
C	A	L	S	I	E	T	E	U	O	I	N
E	F	N	O	H	B	D	C	B	E	Z	O

Objektsätze

a) direkter Objektsatz

a.1) Aussagesatz

Er wird durch die Konjunktion *que* (dass) eingeleitet.

Creo que lo logrará.	Ich glaube, dass er/sie es schaffen wird.

a.2) indirekter Fragesatz

Er wird durch die Konjunktion *si* (ob) oder durch ein Fragewort eingeleitet.

No saben si tendrán tiempo.	Sie wissen nicht, ob sie Zeit haben werden.

b) präpositionaler Objektsatz

Er wird durch die Präposition eingeleitet, die vom Verb des Hauptsatzes abhängt. Nach der Präposition steht die Konjunktion *que*.

Nos alegramos de que hayas venido.	Wir freuen uns, dass du gekommen bist.

Adverbialsatz

Im Spanischen gibt es wie im Deutschen temporale, kausale, finale, konsekutive, konzessive, konditionale und modale Adverbialsätze.

Lo repito para que no lo olvides.	Ich wiederhole es, damit du es nicht vergisst.

Attributsatz

Er dient zur näheren Bestimmung des Substantivs.

La lámpara que compramos no funciona.	Die Lampe, die wir gekauft haben, funktioniert nicht.

10.4 Die indirekte Rede

Die indirekte Rede wird für die Wiedergabe von Äußerungen einer Person an Dritte verwendet. Sie besteht aus einem Hauptsatz und einem Nebensatz.
Im Normalfall steht im Nebensatz das Verb im Indikativ.

– direkte Rede

Laura: »Hago una fiesta el sábado.«	Laura: »Ich mache ein Fest am Samstag.«

– indirekte Rede

Laura dice que hace una fiesta el sábado.
Laura sagt, dass sie am Samstag ein Fest macht.
Laura sagt, sie mache am Samstag ein Fest.

⚠ Merke: Die Konjunktion *que* kann, anders als im Deutschen, nicht weggelassen werden.

Die Zeitenfolge in der indirekten Rede

Wenn das Verb des Hauptsatzes im Präsens, Perfekt, Futur oder Konditional steht, wird im Nebensatz die Zeit des direkten Satzes beibehalten.

direkte Rede	**indirekte Rede**
	Hauptsatz *José dice/ha dicho/dirá/ diría ...* José sagt/hat gesagt/wird ... sagen/würde sagen ...
José: *»Estoy ocupado.«* »Ich bin beschäftigt.«	Nebensatz *... que está ocupado.* ... er sei beschäftigt.

José: »Estaba ocupado.« »Ich war beschäftigt.«	*... que estaba ocupado.* ... dass er beschäftigt war.
José: »Estaré ocupado.« »Ich werde beschäftigt sein.«	*... que estará ocupado.* ... er werde beschäftigt sein.
José: »Estuve ocupado.« »Ich bin beschäftigt gewesen.«	*... que estuvo ocupado.* ... er sei beschäftigt gewesen.
José: »He estado ocupado.« »Ich bin beschäftigt gewesen.«	*... que ha estado ocupado.* ... er sei beschäftigt gewesen.

Wenn das Verb des Hauptsatzes im Imperfekt, *Indefinido*, Plusquamperfekt steht, verändert sich im Nebensatz die Zeit des direkten Satzes.

direkter Satz	**Nebensatz der indirekten Rede**
Präsens Perfekt *Indefinido* Futur I	Imperfekt Plusquamperfekt Plusquamperfekt/*Indefinido* Konditional I/*iba a +* Infinitiv

Alle anderen Zeiten verändern sich nicht.

direkte Rede	**indirekte Rede**
	Hauptsatz *José decía/dijo/había dicho ...* José sagte/sagte/hatte gesagt ...
Präsens *José: »Estoy ocupado.«* »Ich bin beschäftigt.«	Nebensatz Imperfekt *... que estaba ocupado.* ... er sei beschäftigt.
Perfekt *José: »He estado ocupado.«* »Ich bin beschäftigt gewesen.«	Plusquamperfekt *... que había estado ocupado.* ... er sei beschäftigt gewesen.
Indefinido *José: »Estuve ocupado.«* »Ich bin beschäftigt gewesen.«	Plusquamperfekt *... que había estado ocupado.* ... er sei beschäftigt gewesen.
	Indefinido *... que estuvo ocupado.* ... er sei beschäftigt gewesen.

Futur I	Konditional I
José: *»Estaré ocupado.«* »Ich werde beschäftigt sein.«	... *que estaría ocupado.* ... er werde beschäftigt sein. *iba a* + Infinitiv ... *que iba a estar ocupado.* ... er werde beschäftigt sein.

Die indirekte Frage

Das Verb steht im Indikativ. Für die Zeitenfolge gelten die gleichen Regeln wie für indirekte Aussagen.
Beginnt die direkte Frage mit einem Fragewort, wird die indirekte Frage mit demselben Fragewort eingeleitet.

Beginnt die direkte Frage ohne Fragewort, leitet man die indirekte Frage mit *si* (ob) ein.

11. Akzentsetzung

11.1 Betonung und Akzent

Wörter, die auf *-n*, *-s* oder Vokal enden, werden auf der vorletzten Silbe betont. Es wird jedoch kein Akzent gesetzt.

farmacia (Apotheke), *libro* (Buch), *pasos* (Schritte)

Wörter, die auf einen Konsonanten (außer *-n* und *-s*) enden, werden auf der letzten Silbe betont.

ciudad (Stadt), *cantar* (singen), *azul* (blau), *pintor* (Maler)

⚠ Alle Abweichungen von diesen Regeln sind durch einen Akzent auf dem betonten Vokal gekennzeichnet.

canción (Lied), *avión* (Flugzeug), *difícil* (schwierig)

i Alle Wörter, die auf der drittletzten Silbe betont werden, sind Ausnahmen und tragen daher einen Akzent.

fotógrafo (Fotograf), *político* (Politiker), *kilómetro* (Kilometer), *número* (Nummer)

i Fragewörter und Ausrufewörter tragen immer einen Akzent.

¿Cómo te llamas?	Wie heißt du?
¡Qué bonito!	Wie schön!

i Einige ein- und zweisilbige gleich lautende Wörter tragen zur Bedeutungsunterscheidung einen Akzent. Ansonsten tragen einsilbige Wörter keinen Akzent.

él	er	*el*	der
sí	ja	*si*	ob, wenn
sólo	nur	*solo*	allein
té	Tee	*te*	dich/dir
tú	du	*tu*	dein(e)

Steht ein Akzent auf *i* oder *u*, handelt es sich nicht um einen Diphthong, sondern um zwei getrennte Silben.

río	Fluss
día	Tag

12. Die wichtigsten unregelmäßigen Verben

Im Folgenden werden nur die unregelmäßigen Formen berücksichtigt.

andar (gehen)	
Indefinido	**Konj. Imperfekt**
anduve	*anduviera/-se*
anduviste	*anduvieras/-ses*
anduvo	*anduviera/-se*
anduvimos	*anduviéramos/-semos*
anduvisteis	*anduvierais/-seis*
anduvieron	*anduvieran/-esen*

dar (geben)	
Präsens	**Konj. Präsens**
doy	*dé*
das	*des*
da	*dé*
damos	*demos*
dais	*deis*
dan	*den*

Imperativ	*Indefinido*
da *dé* *demos* *dad* *den*	*di* *diste* *dio* *dimos* *disteis* *dieron*
Konj. Imperfekt *diera/-se* *dieras/-ses* *diera/-se* *diéramos/-semos* *dierais/-seis* *dieran/-sen*	

decir (sagen)	
Präsens	***Indefinido***
digo *dices* *dice* *decimos* *decís* *dicen*	*dije* *dijiste* *dijo* *dijimos* *dijisteis* *dijeron*

Futur I	**Konj. Präsens**
diré *dirás* *dirá* *diremos* *diréis* *dirán*	*diga* *digas* *diga* *digamos* *digáis* *digan*
Imperativ	**Konj. Imperfekt**
 di *diga* *digamos* *decid* *digan*	*dijera/-se* *dijeras/-ses* *dijera/-se* *dijéramos/-semos* *dijerais/-seis* *dijeran/-sen*
Konditional	***Indefinido***
diría *dirías* *diría* *diríamos* *diríais* *dirían*	*dije* *dijiste* *dijo* *dijimos* *dijisteis* *dijieron*

Gerundium	**Partizip**
diciendo	*dicho*

hacer (machen)	
Präsens	***Indefinido***
hago *haces* *hace* *hacemos* *hacéis* *hacen*	*hice* *hiciste* *hizo* *hicimos* *hicisteis* *hicieron*
Futur I	**Konj. Präsens**
haré *harás* *hará* *haremos* *haréis* *harán*	*haga* *hagas* *haga* *hagamos* *hagáis* *hagan*

Imperativ	**Konj. Imperfekt**
 haz *haga* *hagamos* *haced* *hagan*	*hiciera/-se* *hicieras/-ses* *hiciera/-se* *hiciéramos/-semos* *hicierais/-seis* *hicieran/-sen*
Konditional	**Partizip**
haría *harías* *haría* *haríamos* *haríais* *harían*	*hecho*

ir (gehen, fahren)	
Präsens	**Imperfekt**
voy *vas* *va* *vamos* *vais* *van*	*iba* *ibas* *iba* *íbamos* *ibais* *iban*

Indefinido	**Konj. Präsens**
fui *fuiste* *fue* *fuimos* *fuisteis* *fueron*	*vaya* *vayas* *vaya* *vayamos* *vayáis* *vayan*
Imperativ	**Konj. Imperfekt**
ve *vaya* *vayamos* *id* *vayan*	*fuera/-se* *fueras/-ses* *fuera/-se* *fuéramos/-semos* *fuerais/-seis* *fueran/-sen*

poder (können)	
Präsens	***Indefinido***
puedo *puedes* *puede* *podemos* *podéis* *pueden*	*pude* *pudiste* *pudo* *pudimos* *pudisteis* *pudieron*

Futur I	Konj. Präsens
podré *podrás* *podrá* *podremos* *podréis* *podrán*	*pueda* *puedas* *pueda* *podamos* *podáis* *puedan*
Imperativ	**Konj. Imperfekt**
 puede *pueda* *podamos* *poded* *puedan*	*pudiera/-se* *pudieras/-ses* *pudiera/-se* *pudiéramos/-semos* *pudierais/-seis* *pudieran/-sen*
Konditional	**Gerundium**
podría *podrías* *podría* *podríamos* *podríais*	*pudiendo*

poner (setzen, stellen, legen)	
Präsens	***Indefinido***
pongo *pones* *pone* *ponemos* *ponéis* *ponen*	*puse* *pusiste* *puso* *pusimos* *pusisteis* *pusieron*
Futur I	**Konj. Präsens**
pondré *pondrás* *pondrá* *pondremos* *pondréis* *pondrán*	*ponga* *pongas* *ponga* *pongamos* *pongáis* *pongan*
Imperativ	**Konj. Imperfekt**
 pon *ponga* *pongamos* *pongáis* *pongan*	*pusiera/-se* *pusieras/-ses* *pusiera/-se* *pusiéramos/-semos* *pusierais/-seis* *pusieran/-sen*

Konditional	Partizip
pondría *pondrías* *pondría* *pondríamos* *pondríais* *pondrían*	*puesto*

querer (wollen)	
Präsens	***Indefinido***
quiero *quieres* *quieres* *queremos* *queréis* *quieren*	*quise* *quisiste* *quiso* *quisimos* *quisisteis* *quisieron*
Futur I	**Konj. Präsens**
querré *querrás* *querrá* *querremos* *querréis* *querrán*	*quiera* *quieras* *quiera* *queramos* *queráis* *quieran*

Imperativ	**Konj. Imperfekt**
 quiere *quiera* *queramos* *quered* *quieran*	*quisiera/-se* *quisieras/-ses* *quisiera/-se* *quisiéramos/-semos* *quisierais/-seis* *quisieran/-sen*
Konditional	
querría *querrías* *querría* *querríamos* *querríais* *querrían*	

saber (wissen)	
Präsens	***Indefinido***
sé *sabes* *sabe* *sabemos* *sabéis* *saben*	*supe* *supiste* *supo* *supimos* *supisteis* *supieron*

Futur I	**Konj. Präsens**
sabré *sabrás* *sabrá* *sabremos* *sabréis* *sabrán*	*sepa* *sepas* *sepa* *sepamos* *sepáis* *sepan*
Imperativ	**Konj. Imperfekt**
sabe *sepa* *sepamos* *sabed* *sepan*	*supiera/-se* *supieras/-ses* *supiera/-se* *supiéramos/-semos* *supierais/-seis* *supieran/-sen*
Konditional	
sabría *sabrías* *sabría* *sabríamos* *sabríais* *sabrían*	

salir (ausgehen)	
Präsens *salgo* *sales* *sale* *salimos* *salís* *salen*	**Konj. Präsens** *salga* *salgas* *salga* *salgamos* *salgáis* *salgan*
Imperativ *sal* *salga* *salgamos* *salid* *salgan*	**Futur I** *saldré* *saldrás* *saldrá* *saldremos* *saldréis* *saldrán*
Konditional *saldría* *saldrías* *saldría* *saldríamos* *saldríais* *saldrían*	

tener (haben)	
Präsens *tengo* *tienes* *tiene* *tenemos* *tenéis* *tienen*	***Indefinido*** *tuve* *tuviste* *tuvo* *tuvimos* *tuvisteis* *tuvieron*
Futur I *tendré* *tendrás* *tendrá* *tendremos* *tendréis* *tendrán*	**Konj. Präsens** *tenga* *tengas* *tenga* *tengamos* *tengáis* *tengan*
Imperativ *ten* *tenga* *tengamos* *tened* *tengan*	**Konj. Imperfekt** *tuviera/-se* *tuvieras/-ses* *tuviera/-se* *tuviéramos/-semos* *tuvierais/-seis* *tuvieran/-sen*

Konditional	
tendría *tendrías* *tendría* *tendríamos* *tendríais* *tendrían*	

traer (bringen)	
Präsens	**Konj. Präsens**
traigo *traes* *trae* *traemos* *traéis* *traen*	*traiga* *traigas* *traiga* *traigamos* *traigáis* *traigan*
Imperativ	***Indefinido***
 trae *traigamos* *traed* *traigan*	*traje* *trajiste* *trajo* *trajimos* *trajisteis* *trajeron*

Konj. Imperfekt	**Gerundium**
trajera/-se *trajeras/-ses* *trajera/-se* *trajeramos/-semos* *trajerais/-seis* *trajeran/-sen*	*trayendo* **Partizip** *traído*

venir (kommen)	
Präsens	***Indefinido***
vengo *vienes* *viene* *venimos* *venís* *vienen*	*vine* *viniste* *vino* *vinimos* *vinisteis* *vinieron*
Futur I	**Konj. Präsens**
vendré *vendrás* *vendrá* *vendremos* *vendréis* *vendrán*	*venga* *vengas* *venga* *vengamos* *vengáis* *vengan*

Konditional	Konj. Imperfekt
vendría *vendrías* *vendría* *vendríamos* *vendríais* *vendrían*	*viniera/-se* *vinieras/-ses* *viniera/-se* *viniéramos/-semos* *vinierais/-seis* *vinieran/-sen*
Imperativ	**Gerundium**
ven *venga* *vengamos* *venid* *vengan*	*viniendo*

ver (sehen)	
Präsens	**Imperfecto**
veo *ves* *ve* *vemos* *veis* *ven*	*veía* *veías* *veía* *veíamos* *veíais* *veían*

Indefinido	**Konj. Präsens**
vi *viste* *vio* *vimos* *visteis* *vieron*	*vea* *veas* *vea* *veamos* *veáis* *vean*
Imperativ	**Konj. Imperfekt**
 ve *vea* *veamos* *ved* *vean*	*viera/-se* *vieras/-ses* *viera/-se* *viéramos/-semos* *vierais/-seis* *vieran/-sen*
Partizip	
visto	

Weitere wichtige unregelmäßige Verben sind:

caber, caer, oír

Lösungen

Übung 1: *el:* hacha, tiempo, aceite, viaje, Rin, mapa, taxista, cura, árbol

la: novia, amistad, luna, taxista, actriz, cura, crisis

los: amigos, novios, dolores, pintores

las: amas de casa, cuidades, hermanas, crisis

Übung 2: 1. los árboles 2. los jueves 3. los jabalíes 4. los lápices

Übung 3: 1. limpia 2. moderna 3. modernas 4. dolorida 5. doloridas 6. afilada

Übung 4: 1. – 2. un 3. – 4. – 5. un

Übung 5: 1. nueva 2. interesante 3. genial 4. trabajadora 5. alemana 6. española 7. grande 8. joven

Übung 6: 1. d 2. a 3. b 4. c

Übung 7: 1. grande, gran 2. mala, mal 3. gran 4. grande 5. buen

Übung 8: *horizontal:* tampoco, bien, largamente, tarde
vertikal: todavía, arriba, muy, nada, lejos

Übung 9: *hablar:* hablo, hablas, habla, hablamos, habláis, hablan

temer: temo, temes, temo, tememos, teméis, temen
abrir: abro, abres, abre, abrimos, abrís, abren

Übung 10: 1. yo conozco 2. ellos producen 3. vosotros acentuáis 4. ellos abrieron 5. nosotros construimos 6. tu mentiste

Übung 11: 1. he partido 2. habías pensado 3. hubo hablado 4. habremos comido 5. hayáis visto 6. hubieran/hubiesen dicho

Übung 12: 1. b 2. a 3. a 4. b

Übung 13: 1. El coche es lavado por Juan.
2. La carta es escrita por María.
3. Los hijos son amados por sus padres.
4. Las comidas son preparadas por Clara.

Übung 14: *Präsens:* soy, eres, es, somos, sois, son
Imperfekt: era, eras, era, éramos, erais, eran
Indefinido: fui, fuiste, fue, fuimos, fuisteis, fueron

Übung 15: 1. vosotros estáis 2. nosotros estábamos 3. tú estarás 4. yo esté 5. ellos estuvieran 6. el estaría

Übung 16: *horizontal:* llámame, conduzco, vengo, ducháis
vertikal: comed, lavo, amando, faltaron

Übung 17: 1. No puedo aceptarlo. 2. Está preparándola.
3. Están probándosela.
4. Por favor, ¡cuéntamela!

Übung 18: 1. c 2. a 3. d 4. b

Übung 19: ese, esa, esos, esas
este, esta, estos, estas
cuyo, cuya, cuyos, cuyas
aquel, aquella, aquellos, aquellas

Übung 20: 1. Cuáles 2. Cuándo 3. Dónde 4. Cómo 5. nada
6. Algunos

Übung 21: 1. b 2. a 3. a 4. b

Übung 22: 1. por 2. por 3. Para 4. por 5. para 6. por

Übung 23: 1. c con 2. e a 3. a de 4. f desde 5. b en
6. d En

Übung 24: 1. sobre la mesa / encima de la mesa
2. el libro de Juan 3. ir en tren 4. de España

Übung 25: 1. veintiuno 2. mil 3. cincuenta
4. treinta y siete 5. diecisiete 6. cuatrocientos
7. ciento treinta y seis
8. un millón doscientos mil

Übung 26: 1. d 2. f 3. a 4. b 5. c 6. e

Übung 27: 1. séptimo 2. trigésima 3. veintidos
4. cinco y media 5. ocho menos cinco
6. cincuenta y cinco

Übung 28: *horizontal:* duodécimo, octogésimo, siete
vertikal: doce, ocho, catorce, cinco, noveno